I0477497

De Ice – Queen

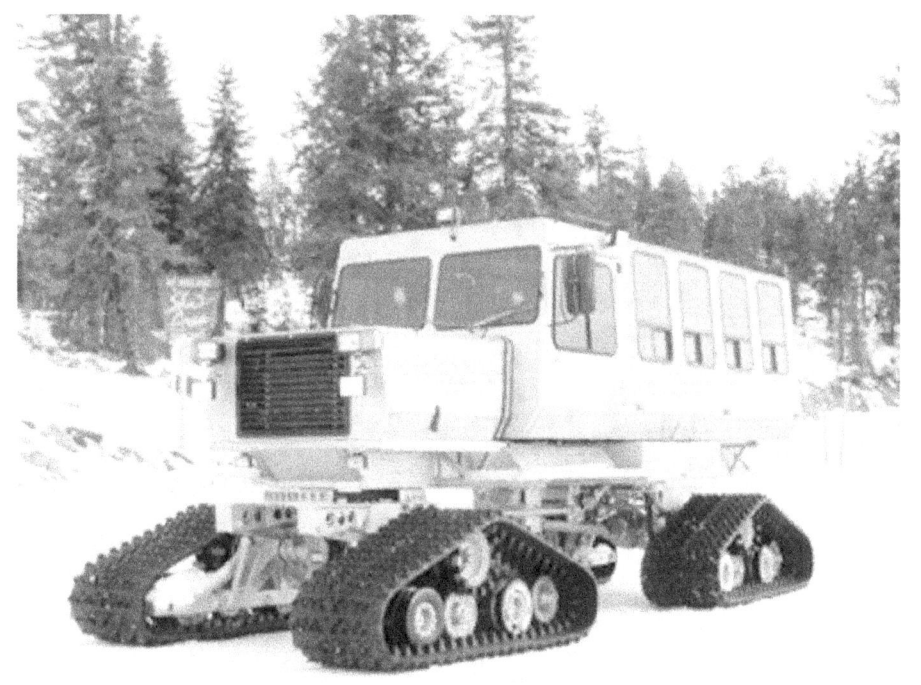

Ice- Queen

SF Roman door

Freddy Van Schil

© 2021

ISBN:978-1-7948-6649-2

Omslag ontwerp: Freddy Van Schil & Lulu drukkerijen.

FOTO / ICE QUEEN= Pixa Bay

Voorwoord

Onmenselijke vulkaan uitbarstingen dompelen de wereld in een nieuwe ijstijd , met alle miserie voor de moderne wereld.

Een groep natuurfilmers wordt aangeduid om de koepel te leiden .

Een verblijfplaats waar de rantsoenen worden verzameld / uitgedeeld aan alle mensen die proberen te overleven in de stadstunnels .

Na het verlaten van de schuiloorden door alle mensen wordt de koepel gesloten, met de eis dat al het resterend voedsel naar Brussel wordt teruggebracht.

Het team beslist om dat niet te doen , het vege lichaam redden verdiend hun voorkeur.

Na bedreigingen en verraad, laden ze alles in een sneeuwruimer om het land te verlaten.

Een lading bestaande uit voedsel is een buit die de regering niet graag ziet vertrekken, waardoor hun exodus moeilijker is.

Sneeuw/ stormen/ eenzaamheid/ boze mensen/ honger worden hun voornaamste tegenstanders tijdens de tocht naar een bevriende familie in Lapland.

Juni 2035

   Olaf Räven stond aangekleed in zijn verwarmde
noordpoolkledij de voorbijkomende mensen te bekijken.
' Rich begrijp jij dat nu kameraad ? Verdorie denken die nu
echt dat ze zo Afrika gaan bereiken , man toch ! De meesten
zijn nog niet eens behoorlijk aangekleed om gewone
temperaturen te weerstaan.'
Zijn vriend en collega avonturier Richard Kunskap stond
eveneens in zijn warme anorak naar de sliert mensen kijken.
Hij tikte tegen de digitale thermometer die hij in zijn hand
hield.
' Min 20° C. Met niet echt winterkledij. Ik heb meer
medelijden met de kinderen en dieren die noodgedwongen
mee moeten met die gekken. Waarom blijven die nu niet in de
Kennedy tunnel wonen? De stad zorgt toch zo goed mogelijk
voor hen , er is toch weinig te kort om te overleven.'
   ' Ik denk dat ikzelf ook zou vertrekken Rich. Die zitten al
meer dan een jaar opgesloten zonder dat iemand kan vertellen
wanneer deze nieuwe ijstijd over zal zijn .
Gelukkig zijn we dankzij onze talrijke survival documentaires
uitgekozen door de regering om de boel hier wat te
controleren.'
   'Helaas Olaf zitten we er ook mee. Dank je wel Santorini en
IJsland. Wie kon nu voorspellen dat de vulkaan uitbarstingen
in IJsland de lonten zouden worden om Santorine met één
klap te doen verdwijnen.'

Zijn vriend knikte , draaide zich om en stevende door de vuile sneeuwlaag naar de controle koepel.

Beiden kwamen door een dubbele sluisdeur de grote verwarmde ruimte in, waar hun vrouwen druk bezig waren om alle gegevens van de vertrekkers te noteren.

Olaf hoorde zijn vrouw zeggen ' Duizend. Die zijn echt gek geworden.'

Ze ontdeden zich van de warme kledij om die vervolgens opnieuw aan te sluiten op het lichtnet, zodat de kledijbatterijen terug opgeladen werden. In hun sportkledij geleken beiden door hun grote struise lichaamsbouw en bebaarde gezichten op Vikingen.

De geweren werden van de munitie ontdaan , om dan in de wapenkast te worden gehangen.

' Zie ons nu . We nemen zelfs wapens mee naar buiten alsof het gevaarlijk is.'

Petra de Spaanse vrouw van Olaf keek haar man aan, ze zag dat hij niet echt gelukkig was.

Een hoofd kleiner en wat gezetter dan hij, ging de roodharige vrouw tot bij hem en omarmde de grote man.

'Kom eens hier mijn berserker , wat gaat er niet goed?'

' Skatt ! Ik heb verdorie met enkele gepraat , ze ook gewezen op het gevaar van de toename van sneeuw en ijs.

Helaas zijn ze potdoof voor de goede raad van ons.

Wij die toch weten hoe snel een ijsvlakte je kan doden.'

Richard ging tot zijn Oostenrijkse vrouw Goedle, die hem een blad papier gaf.

''t Is niet te geloven Rich. Dit is niet echt normaal meer vent , hoe gek kan een mens door verlangen worden ? We hebben bijna duizend namen .

Verdorie man , daar gaan er heel wat van sterven.'

' Ja vrouwtje, ik ken dat gevoel. Soms doet een mens gekke dingen gewoon zomaar uit verlangen, zoals ik altijd aan je denk als wij hier of daar op survival tocht zijn.'

' Juist ! En er is ook geen ramp gebeurt op de aarde. Ga maar wat bij de anderen zeveren, die geloven je misschien.'

Olaf stond al bij Dirk Gielasz de geluid en klanktechneut , die zoals steeds zat te vloeken op de slechtwerkende beeldschermen voor hem.

Frank de enige Belg van het team stond lachend aan het kookvuur een pot soep te maken .

Hij glimlachte naar de stevig gebouwde zwart harige kleine man.

' Ik zei het jullie nog. Maar wie gelooft er nu een brave chef kok. Neem geen Pool in dienst, die kunnen alleen beplaasteren en zuipen.'

' Hé soepboer , op je gemak . Frank ik ben hier wel door de Koning hemzelf naar toegestuurd.'

'Zo ! Zat jij nog in brouwerij De Koninck in 't stad ? Ik wist niet dat jij Bollekes lust.'

'Neen vriend. Wel bij mijn Mia . Waar die nu zit weet ik eigenlijk niet. Ergens onder de grond met het gans ministerie , dat wel.'

Met een zucht draaide hij zich opnieuw naar de schermen die nu heel voornaam waren geworden.

Een kuchje leidde Richard zijn aandacht af van de vrolijke

vrienden om te bemerken dat ze bezoek hadden.

Olaf's gezellin en toeverlaat Petra was opgestaan van haar Bureel, ze stond nu bij twee mensen aan de deur die naar de Craybecks tunnel leidde.

Jacky de blonde Schotse vrouw van Frank, wees naar de vertegenwoordiger van de tunnel die bij haar was.

'Gegroet meneer , wat kunnen we voor je betekenen ? Kom binnen man , zet je . Wil je wat eten of drinken?'

Petra en Jacky zetten zich terug bij Goedle om samen de papieren klaar te maken voor het klassement.

Olaf hoorde zijn vrouw nogmaals met verwondering en een zucht ' Bijna duizend ' zeggen.

'Mag ik even jullie aandacht aub , en neen dank je . Ik heb geen dorst.'

Het was alsof de man zorgvuldig zijn woorden controleerde alvorens te spreken.

' We hebben een probleem. Ze willen van uit onze tunnel ook vertrekken.' Zei Jacky in zijn plaats.

' Wat !' Geschrokken liet Frank bij de woorden van zijn eega, bijna zijn tas soep vallen.

' Ze hebben een plan ontwikkeld om zich onderweg warm te houden. Er zal een vuurteam voorafgaan om alle voertuigen op de weg in brand te steken zodat er een warmte weg ontstaat.'

Frank werd bleek van die melding.

' Als het niet zo droevig zou zijn , kon ik er misschien met lachen. Hebben ze teveel zomer paddenstoelen gegeten ? Auto' s aansteken! Ik dacht altijd dat Dirk de clown van 't circus was , zo te horen zijn er betere. '

Olaf stond met zijn hoofd wat gebogen de boodschapper aan te kijken.

' Meneer ! Wil ik mee naar beneden gaan en er eens enkele tegen hun oren slaan zodat ze wakker worden. De eerste gaan het warm hebben , doch de laatste niet . Het zal volgens de meteo de volgende dagen spekglad worden, dus zal stappen heel langzaam gaan.'

' Ze geloven de meteo niet meer. Teveel valse meldingen en storingen volgens het tunnelbestuur. Maar om op je volgende vraag al te antwoorden. Ze hebben karren van de gestrande auto's gemaakt die ze gaan voorttrekken, of zoals de eerste verantwoordelijke zei.

Helemaal leeg gemaakt om voedsel en kleine kinderen in te vervoeren. Met de vermelding dat wij vanuit ons luxe verblijf zonder zorgen ons niet moeten bemoeien met hun leven en beslissingen. We zijn wel bedankt voor het leveren van alle noodzakelijke zaken om te overleven diep onder de grond.

Nummer twee vroeg wel waar al de drank naar toe was .'

Richard ging aan de eettafel zitten .

'We hebben verdorie hier nog geen druppel gedronken sinds het eerste vulkaan vuil viel. Het zou wat worden met opgesloten dronken mensen .

Frank dien maar op voor ik zot word .'

Zonder woorden zetten allen zich aan tafel , om in stilte bezig te zijn met de onomkeerbare situatie.

Ongemakkelijk zat de man niet goed wetend wat te zeggen of te doen, mee aan tafel te genieten van de uitstekende maaltijd.

' Meneer vertrek je ook ?'

'Eigenlijk niet, en ik heet Roland Smekens. Mieke moet bevallen, maar alleen in die pijp wonen vinden we ook maar niets. Dus gaan we mee.'

' Blijf bij ons . Neen geen tegenspraak, jullie zijn welkom. Wel je slaapspullen meebrengen.'

Niemand aan tafel maakte ook maar één beweging om tegen de uitnodiging van Petra in te gaan.

Frank rekte zich behaaglijk uit.

'Haha eindelijk. Misschien zijn dat mensen die mijn kookkust kunnen waarderen, niet zoals deze nomaden die op alles moeten zagen .'

Dirk loenste naar hem om plots een brede glimlach op zijn gelaat te laten verschijnen.

' Dat is toch normaal mislukte bakker. Jij probeert ons al jaren wijs te maken dat jij een drie sterren restaurantje had. Pfff, verder dan bordenwasser ben je nooit geraakt . Ik weet dat uit een goede bron.'

'Daar het onnozel kieken moet ook wat zeggen. De enige bron die jij kent is de biertapkraan , mislukte zakkenwasser.'

Daarmee was de spanning gebroken en konden allen aan de dagtaak beginnen.

'Pot vol slechte koffie . Kom eens kijken , er zijn na een jaar eindelijk beelden opgedoken van de Santorini buurt.'

Alle aanwezigen kwamen naar de vier beeldschermen kijken die Dirk als één scherm had opgezet.

Onder een grijs zwarte hemel vol met uitbraaksels van alle vulkanen was een zee te zien , waar woeste golven nog steeds de verdwijnplaats van het verdwenen eiland overspoelden.

'Got Jumnas. Niks , er blijft niets van over . Nog geen steen steekt er boven water uit. Die Tsunami's blijven maar over en weer rollen'

' Rich skatt, het is God Jumenas. En niet antwoorden , ik versta je Noors ook niet. Volgens mijn bescheiden kennis zal dat nog wat duren alvorens heel die regio kalm wordt. Niemand weet hoe diep de vulkaan ontploft is. Dit zal met een drone gefilmd zijn.

Ik zou wel graag van uit mijn vakgebied willen weten hoe het met de andere kusten gesteld is.'

' Daar heb ik wat beelden van . Wacht even. Voilà .'

Ze hoorden de adem van Goedle stoppen.

Verrast door de verwoestingen die nu zichtbaar waren wist de natuurwetenschapster haar emotie niet de baas te blijven.

Tranen waren de eerste aanduiding dat het vreselijk moest zijn.

'Oei oei toch. Hoeveel mensen in Griekenland en de andere eilanden hebben dat overleeft ?'

Bij het zien van haar verdriet, schraapte Dirk zijn keel.

' Volgens de wereldzender zijn er samen met het ontploffen van de Joeksel in IJsland naar schatting 150 tot 200 miljoen doden gevallen, de eerste twee dagen. Maar wie heeft dat geteld?

Maar nu met al dat ijs komen we gemakkelijk op het viervoud. Volgens de meteo begint het nog maar juist te vriezen, als je min 20°C als je normaal beschouwd toch.'

Olaf legde zijn hand op Dirk en Frank hun schouders.

' Vrienden ! Eigenlijk moet wij de simpele Noren jullie Belgen bedanken voor de uitnodigingen die ons naar hier brachten.'

Hij keek even omhoog om zeker te zijn dat zijn stem niet onvast zou klinken.

' Hoeveel van de onze leven nog. Hopelijk zijn ze naar een betere plaats gevlucht ?

Hoe hoog was de ijslaag al bij ons Petra?'

'Skatt . Laten wij ons geen illusies maken. Gisteren heb ik de Europa cyclus bekeken. Zij die gebleven zijn, leven niet meer. Denk ik.

De temperatuur is flink gedaald op een dag tijd .

Melbourne melde min 10°c , Dubai plus 15°c en hou je vast, Oslo antwoord niet meer. Amsterdam min 25°c op de middag. Hier buiten is het lekker warm .Tussen 10 en 15 °c onder min. Ik denk nu aan allen die de tunnel gaan verlaten.'

Richard liep naar de wapenkast waaruit hij een Baretta pistool nam, zorgvuldig controleerde hij het mekanisme van het wapen om er vervolgens een volle lader in te steken.

' Rich ga je op jacht ?'

' Neen vrouw, ik ga Mieke halen en zonder wapen kom ik daar nu niet meer. Bij die gekken met al hun legale en illegale wapens kan je nu beter wat aan je eigen vel denken.'

Frank nam een skiwandelstok van het rek om Richard naar beneden te volgen.

'Zeg makker , met zo'n stok schiet je niemand omver.'

'Weet ik. Misschien denken ze dat ik mank ben, een prik van de pin kan ook leuk zijn.

Kom op we gaan ze eens zenuwachtig maken.'

Beiden daalden af tot in de tunnelkoker waarvan het einde niet zichtbaar was door de kromming in de weg.

Een groepje mannen stond rond een auto geschaard , te kijken op een landkaart.

'Heren , gegroet. Het schijnt dat jullie gaan verhuizen.

Niet doen, je kan niet meer terugkomen. Bevel van hogerhand.

Trouwens als je een goede raad wil van mensen die de Noord en Zuidpool hebben doorkruist, blijf hier. Het is hier veiliger dan op straat. Waar ook jullie naartoe willen, jullie komen nooit allemaal levend aan in Brussel. Volgens de meteo gaat het sneeuwen en vriezen.'

Minachting en spot was op vele gezichten te zien.

De nummer één van de tunnel stond bijna te lachen met Richard zijn opmerking.

' Zo meneer de kenner . Wie zegt dat wij langs de hoofdstad vertrekken ?'

Frank tikte met de wandelstok gewoon op de kaart.

'Je hebt de weg al aangeduid in't rood. Wees slim en luister naar de expert. Een goede raad is meer waard dan een bord erwtensoep in de winter.'

' Doe geen moeite , er is unaniem voor het vertrek gekozen.

Verliezen gaan we zeker hebben , maar hier zeker ook.

We vernamen dat er de eerst volgende maanden minder of zelfs geen voedsel kan geleverd woorden. Zodus is onze keuze snel gemaakt.'

'Frank heb ik een melding gemist? '

'Ja Rich. Ze kunnen in alle buitenlandse plantage niet meer iedereen in Europa helpen. Teveel eters met te weinig landbouwgrond om anderen dan zichzelf behoorlijk te voeden.'

Richard had het begrepen . Dat was natuurlijk de eerste stap om zelf te overleven , waarschijnlijk zou dat overal ter wereld het algemeen scenario worden .

Hij keek naar het groepje om te beseffen dat wat die ook deden er veel doden zouden vallen, of door de koude of voedsel gebrek.

'Ik kom Mieke halen , die wil met haar man hier blijven.'

'Daar komt niks van. We gaan allen samen, stuur die bangerik maar terug naar ons. Hij gaat mee, willen of niet.'

Frank zag dat enkele zich met een stap dichter naar hun wapen begaven.

' Niet doen mannen. Hier boven leven wildemannen die jullie allen in geen tijd gedood hebben.

Geef Mieke nu maar , je krijgt hun rantsoen wel mee.'

Een hels lawaai kwam van verder op in de tunnel naar hen toe.

Twee jonge knapen sleurden een autokofferdeksel voort waarop nog twee andere zaten te genieten van de dolle rit.

'Zie je dat, luxepaarden van hier boven? We beseften dat een kar voortrekken gekkenwerk is in die smurrie, daarom maken we sleden van koffer, motorkappen enz. Ook onze nutteloze valiezen gaan we daarvoor gebruiken .'

Even keek de spreker hen beide aan.

'Deal. Drie rantsoenen voor hen . Ja , dat ongeboren kind zou anders ook mee moeten eten.'

Even later kwam de vrouw haar buik ondersteunend waggelend aangestapt.

' Ga maar naar boven Mieke , Roland wacht daar al op je. We komen zo.'

Klaar om ook te vertrekken begon Richard zich wat te ontspannen.

' Zo ! Voor ons is het allemaal oké. Je krijgt alle voedsel dat je kan verplaatsen. Maar denk er aan . No return, ofwel gelukt het jullie, of we vinden later jullie lichamen wel.

Stijf bevroren.'

Frank vergrendelde de stalen deur achter zich.

Samen liepen ze naar de koepel toe , waar Mieke snel omringt werd door de vrouwen.

Die keek verward maar zeker nieuwsgierig rond, en moest lachen.

' Luxe verblijf ! Volgens mijn ogen is hier weinig luxe aan.'

De koepel bemerkte ze, stond helemaal vol met bruikbare spullen die mensen nodig hadden om te overleven in ruwe landschappen .

'Juist Mieke. Het is ons gerief dat wij tijdens onze reizen als documentairs nodig hadden. Normaal staat dat in een loods, helaas is die nooit aangekomen . Maar zet je, wil je wat eten of drinken ? Je hoeft dat niet te vragen. Frank onze mekanieker en soepboer heeft steeds wat klaar staan .'

'Jandorie. Zie je wel dat ik die grote meneer herkende van TV. Dank jullie wel voor het onthaal.'

' Die grote is een Noor en mijn man Richard , maar iedereen noemt hem Rich. En neen , die is niet rijk.

Die andere beer is Olaf, ook een Noor en de man van Petra.'

' Vakantielief' Zei Petra:' opgelopen in Spanje waar hij op vakantie was.'

'Ik heet Jacky, de vrouw van Frank en ben Schotse, met dezelfde afloop als bij Petra.'

Mieke zag dat de vrouwen wel gelukkig waren met hun keuze.

'Mag ik wat vragen ? Hoe komen jullie hier onder dit ding terecht . Dat stond er een jaar geleden nog niet.'

'Ha ! Daar vraag je wat. We werden uitgenodigd door Mia, de vrouw van onze techneut Dirk.

Het ministerie zocht mensen om deze koepel te bemannen zodat er wat controle kon zijn op het klimaat en de rantsoenen. Deze koepel was bestemd voor de zuidpool , die kon niet meer gebracht worden, daarom staat hij nu hier.

Mia heeft ons onder de aandacht van hen gebracht , dankzij alle docu's voor Hystory chanel en Geo Nat zijn wij uitgekozen als team.'

' Team ? Zijn jullie dan al langer bijeen ?'

Alvorens te antwoorden, nipte Jacky van een glas warme gemberthee.

'Bijna 15 jaar filmen we al samen.'

'De twee Noren spelen om beurt de zogezegde gevaarlijke survival overleving tochten.

Petra is onze camera vrouw. Goedle is de Coördinatrice en natuurkundige die de plaatsen opzoekt om wat te filmen.

Frank is manusje van alles en kok . Dirk leidt de beeldvorming Ikzelf ben de verpleegster en slaaf van hen die te lui zijn om zich te verzetten.'

'Oh leuk. Ik ben Mieke Callebaut en neen geen familie. Hulpkleuterleidster en huisvrouw.

Roland is muzikant en dromer , dat laatste komt eerst.'

Goedle stond lachend op .

' Kom meiden werken geblazen . Mieke, zoek je zelf maar een slaapkamer, er zijn er genoeg. Hier zouden normaal vijftig personen in wonen. Rust wat, je verdiend het.'

Twee weken later waren de tunnelbewoners klaar voor vertrek.

Met moeilijk te beheersen hebzucht waren tientallen hun maandrantsoen komen halen in de voedselloods.

De vrouwen schreven de namen van de afhalers op , één doos per hoofd.

Toch probeerden er meer dan één een dubbele dosis te bemachtigen, wat onder druk van de mannen vlug werd hersteld.

'Frank maat , zonder onze wapens zouden ze ons letterlijk verscheuren.'

' Hebzucht Dirk leidt heel dikwijls tot miserie, van mij mogen ze anders alles meenemen. Overmorgen nemen we de sneeuwtractor en laden alle achtergelaten pakken gewoon weer op.'

Na de telling bleef er genoeg voor hen over om meer dan een maand te overleven als ze zuinig waren.

Frank liep tot aan de poort om de laatste afhaler na te lopen. Beneden schoof hij de grendels toe.

' Dat is ook de eerste maal dat de voedselloods op slot gaat. Jandorie mensen , ik mag er niet aan denken dat we morgen misschien al de eerste van vijfhonderd gezinnen dood gaan terug vinden .'

Dirk stak zijn vinger op.

' Wacht eens even . Ga jij die achterna ?'

'Neen ik zeker niet, maar ik ken er twee die nu hun winteruitrusting gaan controleren .'

Ze voelden de grond schudden, waarna de loods onheilspellend begon te kraken en te piepen.

'Dat lijkt op onheil. Kom we zullen eens kijken wie er tegen onze loods plast.'

Bij het binnenkomen van de koepel wees Mieke naar de hoek waar allerlei toestellen opgesteld stonden.

De telexmachine stond lawaai te maken, wat allen als niet gunstig bestempelden.

Dirk trok het blad eruit en las het vlug , gaf het aan Petra om dan naar de tv schermen te gaan.

'Zo ! Niks speciaal uit het hoofdkwartier. Ze vragen gewoon alle namen van de vertrekkers, plus de vermelding dat er geen rantsoenen mogen meegegeven worden , alles wordt schaars. Terug komen mag ook niet . Precies of we weten dat nog niet. Zal ik antwoorden dat ze een dag te laat zijn, de poorten zijn al geopend. We verwachten ze buiten zodra wij de eerste rookkolommen van de brandende auto's zien opstijgen. Trouwens wie van ons denkt dat zij van ginder naar hier gaan komen om ons te controleren ? '

' Goed bezig Skatt. Als we nu de helft doorgeven , krijgen wij dan de volgende keer dubbel rantsoenen.'

' Olaf Räven ! ' Ze stak haar vinger in de lucht.

' Oké Skatt , ik zal het nooit meer zeggen , zelfs niet denken.'

' Daar zie nu , de berserker is bang van zijn ros konijntje.'

' Dirk ! Ik ben geen konijn , ik ben een tijgerin.'

' Haha , stop een tijger in je bed dan heb je zeker pret. Wat mis ik mijn klein schatje toch . Mia ik love jou. Maar alle zotheid op een stok, kom hier eens kijken. We krijgen er nog wat miserie bij. Dat was de bibber reden.'

Dirk verkleinde het beeld waardoor ze een idee van de volgende ramp kregen.

'Sorry voor de slechte kwaliteit, maar de ruimtesondes zijn niet voorzien om door de vettige luchtlaag te filmen. Ons lieftallig vakantie verblijf IJsland is opnieuw een stuk kleiner geworden.'

Met moeite herkenden ze het eiland dat er nu veel kleiner uitzag.

' De joeksel is opnieuw aan 't spuwen , nu samen met zijn beide zussen.'

Richard wreef door zijn baard, wat hij zag stemde hem somber

'Geen probleem , het zal alleen vlugger gaan en langer duren
We zijn misschien voor jaren van de zon verbannen.
Ik hoop dat er genoeg hout overblijft om de talrijke lijken te
verbranden. Als er nog natuurlijk nog iemand is om het vuur
aan te steken .
Vrienden! We moeten goed nadenken om dit te overleven, ook
de vruchtbare landen gaan hun deel krijgen . Petra wil je de
weersituatie van ginder eens bekijken ?'
Olaf wist en voelde de gemoedstoestand van zijn jeugdvriend
goed aan.
 'Mon ami, er blijven altijd wezens over, zie maar bij de
dino's .'
 'Juist' vulde Frank aan:' We hebben er hier een exemplaar
van rondlopen.'
Dirk wees met zijn middenvinger naar hem .
 ' Soepboer! Jij mag bij mij nooit meer naar tik tak komen
kijken. Toch Frank, zal het bijna ook voor ons hopeloos
worden.
Verse groenten kunnen we vergeten , een malse steak kan je
ook op je bil schrijven.'
 'Dat zie je verkeert vriend van me. Als de mensen dood
vriezen zal ook het vee bevriezen , een bevroren rund kan je
ook lekker bereiden. Wat denk je dat je al die tijd hebt gegeten
uit de supermarkten.
Maar laat het ons over vandaag hebben. Ik dacht voor
vanavond aan een garnaal cocktail gevolgd door boontjes met
varkenshaasje en puree, als dessert een ijs met chocolade of
fruit. Iemand bezwaar ?'

Allemaal keurde zijn keus goed .

' Helaas zijn er geen verse bonen noch garnalen . Dan zeg ik nog niets over de puree die uit blik komt.'

Fluitend liep Frank gevolgd door hun gevloek naar de keuken, waar hij met voedsel uit blikken en diepvries aan het voorgesteld menu begon.

31 Augustus 2035

De eerste rookzuilen stegen op vanuit de lager gelegen autostrade.

' Wie gaat er mee kijken ? Het is redelijk warm vandaag.'

'Rich ! Noem jij min 15 , warm. Maar we gaan mee , zo'n spektakel wil ik niet missen.'

Jacky bleef bij Mieke die stoom blies als een oude locomotief.

'Ik denk dat wanneer jullie terugkomen, wij er een nieuwe wereldburger bij hebben.'

Plots bleven alle vrouwen ook in de koepel, dit was wel heel veel belangrijker dan naar de levende doden te kijken.

De mannen deden een vest gemaakt door Finse rendier hoeders aan, namen een wapen uit de kast, om vervolgens sneeuwschoenen aan te doen .

Ze verlieten de koepel om niet zo heel veel verder naar de uittocht te kijken.

Rijen mensen liepen over de E19, waar menige auto door fel te branden nu zijn laatste doel volbracht.

Richard betastte de grond en knikte goedkeurend.

' Ze hebben geluk. De grond is voldoende hard en de buiten temperatuur is leefbaar.'

Slepende geluiden van alle afgebroken auto onderdelen vulde de omgeving.

' Dat geef ons een extra voordeel vooraleer we moeten uitrukken om er enkele te redden. Helaas is ons kot maar berekend op vijftig slapers.'

' Juist Rich , maar wie ga je terug brengen? Diegene met nog voedsel, of zij die niks meer hebben?'

'Olaf amigo . De mooiste grieten natuurlijk.

Neen man ; zij die eerst afvallen zijn de zwakkeren . Als ze geen wapen dragen neem ik haar of hem mee.

En liefst kinderen, want die hebben geen stem in het geheel gekregen.'

Olaf bevestigde Richard zijn keuze met een opgestoken duim.

Meer dan een uur duurde de uittocht. Sommige mensen staken hun hand op naar de toeschouwers, alvorens met gebogen lichamen sleeën trekkend de weg aan te vatten.

'Daar gaat het toekomstig bevroren vlees. Frank vriend, er komt een ongelofelijke droefheid in mijn hart. Waarom toch?'

' Dirk , wij mensen zijn te emotioneel. De helft van die daar zouden ons volgende week zo vermoorden voor een harde korst brood. Niet doen vriend, de mens maakt zijn eigen keuzes , wij allen weten het altijd beter dan hun naasten.'

'Frank , jij had pastoor moeten worden. Ik schrei al bij je woorden.

Kom oude vriend , we gaan terug , hier is niks te beleven,
buiten schooiers.'

Alsof ze profeten waren , kwamen de eerste hulpzoekers met
de handen als goede christen bedelend de steile helling van de
autostrade opgeklommen.

' De zotten keren al terug naar hun bescherming. Wat nu?'
Vlug telde Olaf de klimmers .

' Sorry makkers, maar zo werkt het niet. Eerst het kot
verlaten , en dan maar komen wenen.'

Hij hield zijn handen uitgestrekt voor zijn lichaam om met zijn
basstem luid naar de klimmers te roepen.

' Stop maar , je bent ver genoeg. Volg de rest maar voor de
auto's uitgebrand zijn . Oh ja ! Veel succes onderweg en doe
pipi langneus de groeten als je in Brussel bent.'

'Olaf lach jij nu met de minister van werkgesteldheid ?
En waarom mogen die klimmers niet naar hier komen?'

' Dirk. De minister zal nu wel niet veel werk hebben , en ik
volg als brave belastingbetaler gewoon de wet. Wat denk je
dat er zou gebeuren zodra we deze zouden ontvangen

Binnen twee seconden staan er honderden aan onze deur te
kloppen, spijtig vriend kunnen we ze niet die huisvesten.

Ze zijn uitgeschreven beste vriend , er zal geen gram voedsel
voor hen toekomen . Zodus, loop verder.'

' Zie nu .'

Een stel pony's trok een uitgeklede auto waar rantsoenen in en
op lagen. De nummer één en twee liepen er gewapend naast.

'Waar komen die dieren nu plots vandaan ? Iemand een idee?

'Dirk als je ook eens naar de tunnel was geweest zou je die al opgemerkt hebben. Die waren er altijd. De kinderen en allen die wat gaga werden, genoten van hun aanwezigheid.

Dieren zijn hersen herstellend, wist je dat niet ?'

' Dan had Dirk beter ook eens aan hun gat gaan ruiken.'

Frank stond grijnzend naar Dirk te kijken.

' Olaf.! Doe me een plezier en laat die achterlijke Belg niet meer binnen. Ik Dirk de nederige zal je belonen met een echte Poolse maaltijd en een zak gestolen geld.'

Ze hielden de paarden in 't oog, daardoor wisten allen dat ze de stoet afsloten.

Richard begon te lachen.

'Zo. De bazen lopen als laatste, is dat niet wat uit de bocht ?

Normaal loop je toch als halve god voor de exodus uit .

Wie gaat anders alle waters splijten en steekpenningen uitdelen?

Hopelijk hebben ze aan voedsel voor die dieren gedacht , want vulkaanstof met wat sneeuw gaan die dieren niet lusten. Amen .

Kom we gaan ons nieuw teamlid bekijken.

Heeft er trouwens iemand van jullie een cadeau gekocht voor Mieke en haar kindje?

Neen ! Dat dacht ik al, gierigaards. '

Vrolijk lachend betraden ze de koepel om een schril geschrei waar te nemen.

' Joepie. Billy de kid is geboren.'

Haastig liepen de mannen naar de kamer waar Mieke zojuist een wonder ter wereld had gebracht.

'Oh hoe schoon , die lijkt echt op mij.'

' Dat kan niet zotte Pool. Dat kind heeft geen ezel oren, en het is een meisje.'

De gelukwensen deden ondanks de gekke praat van de mannen, Mieke en Roland blozen.

Toch kon ze de humor van de vrienden wel smaken.

'Gelukkig niet. Het is al erg genoeg dat zij op zijn vader gelijkt. Mag ik jullie Loes voorstellen.'

'Mieke sorry dat wij niet aan geschenken dachten. Maar we maken het in orde . Wat zou je graag willen voor Loesje ?'

'Kindervoeding als dit hier niet is, mijn borsten zullen niet voldoende zijn om lang te voeden .'

' Dirk ! Niet doen.'

Richard hield Dirk tegen die waarschijnlijk weer een gek antwoord wou geven.

'Hé man, ik wou voorstellen om de Ice-Queen in orde te maken . Dan rijden we de wereld rond tot we super food voor haar hebben gevonden.'

Dat vonden ze allen een goed idee , een idee dat snel in actie kwam.

Richard met Olaf betraden even later de hangar achter de koepel waar de Ice-Queen met zijn aanhangwagen geparkeerd stond.

Olaf liep rond de enorme Tucker Snow Cat , die met zijn rupsbanden en de extra aangehechte sneeuwschep er gemeen gevaarlijk uitzag.

Het toestel deed meer aan een grote gepantserde tank, dan aan een middel om personen te redden denken .

Richard stond hem al op te wachten met een zwengel.

'Kom Olaf , we gaan hem eens wat olie toedienen alvorens te starten.'

Beide wisten dat de olie na het lang stilstaan nu naar de carter was gezakt . De zwengel werd vooraan in de motor gebracht, waarna ze samen de zware taak aanvatten om de enorme diesel soepel te krijgen.

Na enkele draaien, voelden ze dat het vlotter ging .

' Zo dat ging vlot, The Queen wil graag buiten komen.'

Frank kwam met een slee aangestapt waarop twee zware batterijen, de startmotor en een Jerrycan met brandstof oplagen.

De verwarmingslijn die rondom de motor bevestigd was werd verwijderd.

Samen monteerden ze de benodigde apparatuur, waarna Olaf het laddertje opstapte om in de cabine te geraken.

Hoger gezeten dan Richard zijn hoofd, zat hij naar het bordpaneel te kijken.

' Oké open de poort maar anders gaan we hier wat vettige rook inademen.'

De rolpoort kwam knarsend omhoog.

Olaf ontstak de kuisontsteking zodat de motor alsnog inwendig gepoetst zou worden.

Het dof gerommel en een donkere zwarte walm rook waren de eerste tekenen dat er leven in de motor kwam.

Richard stak zijn rechter arm op .

' Stop ! Olaf de beide pijpen hebben gerookt. Je kan nu proberen om gewoon te starten.'

Frank samen met hem luisterden aandachtig naar de geluid

dat eerst stotterend doch vlug met het bekende gebrul van de V8 woest zijn rook uitspuwde.

Richard draaide met zijn hand een cirkel, Olaf gaf vol gas waarop twee zwarte rookzuilen de uitlaten verlieten.

'Vettig meisje' Frank stond te hoesten door de dieselstank.

'Smakelijk makker. Ze draait al rustiger.'

Met het warm draaien verving witte rook de zwarte.

Beide mannen zetten zich elk aan een kant van de Queen.

'Oké Olaf laat maar warm worden. We kijken nu zijn scharnieren na. Hef de schep eens op.'

Piepend kwam het gevaarte omhoog. Opnieuw stak Richard zijn hand op.

Olaf liet de schep vanop de grond tot het hoogste punt kantelen en terug.

'Oké met wat vet en liefde komt het goed. Nu de tracks.'

De voorste één meter brede rupsbanden kwamen in werking.

Met veel gekraak en piepen van metaal op de harde grond trokken die het gevaarte twee meter voort.

De beide controleurs liepen opnieuw rond het voertuig.

Terug buiten stak Frank zijn duim op, wat voor de bestuurder het teken was om ook de achterste tracks in te schakelen.

Het lawaai was zo luid dat ze achteruit stapten. Ze deden teken dat hij naar buiten kon rijden.

De sigaren kist van 33 ton kwam vloeiend in beweging.

'Oké voldoende ver. Terug, we gaan ze smeren.'

De Ice-Queen werd volledig nagekeken. Nieuw smeervet en olie werden toegediend, waarna alle gereedschapsschuiven werden nagekeken op aanwezigheid van het nodige materiaal.

Er werd besloten om tot het naaste tankstation te rijden om de brandstoftank te vullen.

'We zullen eens van de Frank zijn uitvinding profiteren. Als het werkt natuurlijk !'

' Het werkt, zo niet maak ik alle dagen gratis eten voor jullie.'

'Daar kom je weer goed vanaf slimmerik .'

Wat later reden de twee Noren naar het dichtstbij gelegen benzinestation.

Richard stapte uit en zocht naar de vulleidingen van het station. Hij wees ze gewoon aan , waarop Olaf er naartoe reed. Een krassend geluid vertelde Richard dat het voertuig wat geraakt had.

Vanuit het raam riep zijn makker hem toe dat het maar een pompzuil was

' Geen probleem Olaf , die staan toch droog.'

Hij nam een draadloze slijpmachine om het slot van de vul pijp te ontdoen , met een draai opende Richard de pijp waarop Olaf het door Frank gemaakt zuigtoestel begon op te schroeven .

Ze sloten de verlengdraad aan op de stekker in de wagen.

' Zullen we eens proberen ? Toch slim van hem om deze olievaten pomp om te bouwen tot dit.'

Hun zender liet zich horen.

' Hé schatjes. Nu je daar toch bent , koop voor mij eens een doos sigaren. Het mogen dure zijn. Verdorie al een jaar zonder troost is toch lang.'

Ze hoorden nog een stem in de achtergrond.

' Wat vroeg Dirk ?'

'Een gezond flesje alcohol zou niet geweigerd worden.'
' Oké doen we . Olaf tanken maar, ik ga de shop bekijken.'
'Wees maar voorzichtig , je weet nooit wie de sigaren alleen wil oproken.'
Met de Baretta in de hand loerde Richard door de vitrine en schrok .
' Pot vol slechte koffie Olaf , nu moet je eens komen zien. Ik denk dat de hond zijn baas heeft opgepeuzeld, wel in samenwerking met duizenden vliegende en kruipende vieze beesten. Daar ga ik niet binnen, de Frank moet zijn rookstokjes maar zelf komen halen. Het stinkt hier alsof ze me in een beerput gestopt hebben. Bwha.'
Na het tanken kwam Olaf kijken en moest eveneens zijn adem inhouden.
' Je hebt gelijk maat . Een mens valt nooit zo verspreidt uit elkaar. Die hond heeft zijn best gedaan. Zullen we ze gezamenlijk begraven?'
Hij wees naar de Queen.
' Goed man niemand hoeft zoiets te zien of te weten. Doe maar.'
De Queen deed haar werk vlot. Slechts twee maal moest Olaf achteruit rijden om het ganse station tot een moderne tumuli te verbouwen.
'Amen. Kom op, tijd om naar huis te rijden , de honger roept.'
' Dat kan nog niet amigo . Loesje wil eten .We rijden nog even langs de supermarkt Prins Boudewijn centrum.'
' Jawadde ! Was ik ons klein schatje al vergeten.'

Bij de grote supermarkt aangekomen bemerkten beiden dat de ingangsdeur verwoest was.

'We zijn niet de eersten. Wat ik als hongerlijder als normaal bestempel.'

Hetzelfde scenario speelde ook hier dezelfde rol .

Duizenden dode vliegen en aanverwanten lagen in de winkel te stinken.

Olaf reed gewoon alle ramen stuk, waarop nog levend ongedierte de winkel verliet om door de kou snel terug te keren.

'We komen morgen terug. Rich gooi er eens wat rook bommen binnen . Misschien ruikt het dan morgen naar rozen.'

Richard nam de zender .

' Frank ! Hebben wij nog rookbommen in overschot ?

We moeten deze winkel uitroken.'

' Nog een kist van alle kleuren. Doe maar.'

Allen wisten dat een bepaalde kleur ook een andere geur verspreide, gewoon voor het geval je stekenblind was.

Richard nam de rood, blauw en geel rookbommen omdat deze de meest irritant waren, om ze sissend en sputterend de winkel in te werpen.

' Hopla . Kom min venn, we gaan huiswaarts. Dat is waar de soep kookt.'

Met een :' Wat ! Is dat echt ? ' Werd hun verhaal onthaald.
Goedle streelde de arm van haar man
 ' Allemaal goed en wel ventje , maar daarmee heeft Loes nog
geen extra voedsel, zelfs geen fopspeen .Wat gaan we daar aan
doen ?'
 'Goedle geen paniek, de enige echte man zal daar straks voor
zorgen. Eerst deze troep binnen werken, waarna de knapste
Pool eens zal laten zien hoe het moet .'
 ' Zo! En hoe ga je die stank overleven? '
 ' Stank kan je afwassen. Maar ik ga in wegwerpwerkkledij.'
Dat vonden en konden ze allen beamen. Je smeet dat gewoon
weg, zoals altijd gebeurde.

Buiten de dames en Frank waren allen aanwezig in de Queen.
Zelfs Roland en Mieke waren na lang zagen en zeveren
toegelaten, de vrouwen zouden wel voor de kleine spruit
zorgen.
De enorme sneeuwtractor stond voor de kapotte winkelramen,
vanuit de wagen probeerden alle inzittenden de binnenkant te
zien.
Olaf ontstak de dak lampen waardoor het winkelinterieur
plots in daglicht stond.
 ' Holly Mokke. Ikke den dikke pool heeft zijn mond weer wat
aangedaan. Maar kom op . Lets do it. Viva Loes.'
Mieke mocht niet mee uitststappen wat ze afdeed met.
 'Goed ik stapel wel.'
Roland kreeg de opdracht op met de slijpschijf alle karren los
te maken , die zij dan meenamen naar binnen.

Bijna kotsend en zwaar naar adem happend door de stank die er nog steeds heerste, liepen de verzamelaars ieder naar zijn afgebakend terrein de supermarkt in .

De dode insecten kraakten onder hun rubberen laarzen, wat hen opnieuw naar adem deed snakken.

' Jabedabedoo.' Dirk aanschouwde de drankafdeling.

' Moettie heilige moeder van alle Polen wat een zaligheden.'

' Dirk ! Doe je job en hou je bek .'

Ze doorzochten allen hun aangewezen afdeling tot Dirk opnieuw van zich liet horen.

' Vrienden in de drank afdeling zijn alle flessen met een kurk en kunststof afsluiting bewerkt door kleine tanden. Helaas zeker de champagne kurken, breng ik die mee of spelen we safe ?'

' Laat die brol maar liggen. Ziekten kunnen we missen.'

Met een volle kar onbezoedelde flessen wijn ging Dirk naar de Queen toe.

' Hé jongens, ikke den knapste Pool heeft een klein probleem. Buiten dat mijn kar moeilijk vooruit gaat, staat er hier een uit de kluiten gewassen hond met ontblote tanden voor mij. '

'Rustig man .Trek heel voorzichtig je pistool en hou hem in 't oog.. Dat dier heeft evenveel honger als jij.'

' Uuh pistool ? Ik ben niet gewapend.'

' Wacht !.We komen. '

Door de krakende voetstappen wist het dier dat er gevaar aankwam , het sprintte de winkel uit tot aan de overkant van de laan waar het zich naast een boom neerzette..

' Hahaha. Ik zei het al' klonk het in hun oortjes.' Die onnozele

Oostblokkers denken enkel aan drank. Dirk vriend, denk toch eens na. Hier zijn zelfs de witte sneeuwvlokjes gevaarlijk.'

Ondanks deze kleine crisis kwam de Queen stilaan op haar laadgewicht. Alles nauwkeurig nakijkend op vreetsporen en andere schade lag er meer weggeworpen troep in de winkel dan zij bijhadden.

Maar twee ton bruikbaar gerief was meer dan ze gewenst hadden.

Zeker nadat er een volle palet kindervoedsel in blik gevonden was, tot er slechts één niet aangevreten blik overbleef.

' Rotbeesten , jullie denken alleen aan jezelf. Bij het volgend bezoek kap ik hier een ton rattenvergif uit.'

'Dirk maak je niet druk vriend. Dat is gewoon de wet van overleven.'

'Wacht nog even .'

Dirk liep opnieuw de shop in om alle diepvriezers open te maken. De stank grensde daarna aan het onmogelijke, toch hield hij vol tot ze alle open waren.

Hij nam een plastiekzak met verdorven vlees en wierp die naar de hond die zich veilig waande onder de bomen.

Even twijfelde het dier om dan snel het rotend pakket aan te vallen.

' Mieke helaas slecht een enkel blik. Ik raad je wel aan het goed na te kijken , je weet maar nooit.'

Terwijl ze de truck leeg maakten onder leiding van Frank, werden de thuisblijvers ingelicht van wat er buiten gaande was.

' Hé Poolse landloper , corned beef hoort bij het vlees.'

' Mislukte bordenwasser noem jij dit vlees. Dit komt uit Ethiopië , daar leven ze van zand en water. '

' Ook goed, dan zal ik dit voor jou nooit moeten klaarmaken.' Frank wachtte tot er meer luisteraars waren .

' Wat boter in de pan met verse ui , dan het vlees erbij met een vers ei erover , zo opgediend op een heerlijke beboterde toast. Njamie. Maar ja als je niet wil , ook goed .'

' Hahaha , daar hij weer . De prof van de aangebrande soep . Ge hebt de helft nog niet eens in huis. Maar makker als het voedsel is , kan je het eten . En ik eet graag , dus schep op.' Goedle bracht de laatste doos binnen.

' Mannen. Petra en ik gaan met de grote sneeuwscooter samen alle apothekers bezoeken, we zullen en moeten toch voedsel voor Loes vinden.'

Petra zat voor haar controle schermen naar de meteo berichten te kijken.

'Dat is vreemd . Oostende meld windstilte met een stijging van 5 °C. Er is ook blauwe lucht te zien. Bizar.'

'Vrouwtje heb je ons dat ook niet gemeld in Canada . Met resultaat , een flinke blizzard.'

Even was er stilte in de koepel , van dat fenomeen hadden ze een flinke angst overgehouden.

' Petra , hoeveel tijd hebben we ? Ik heb een flinke lijst van pillen verkopers.'

' Waar heb je die gehaald?'

' Uit de telefoonboek , gewoon uitgescheurd.'

Dirk duwde zacht tegen haar arm.

' Cultuurbarbaar . Het enige boek dat ik lees en jij vernietigd dat.'

'Dirk ! Jij gebruikt dat slechts om je achterste af te kuisen.'
Petra begon wat zenuwachtig te worden.

' Hela , hier is het te doen. Als het zo blijft, misschien een dag
Dat is goed, dan hoeven we geen poolkledij aan te doen.'
Met een wapenholster aangegespt, reden ze samen de sneeuwvlakte in .

'Ai ! Ben ik ze nog vergeten te bedanken.'

' Dat zullen ze ook niet verwachten Mieke . Ook onze dames zijn stoere binken. Dat is vroeger wel bewezen. En neen , dat ga ik je niet vertellen , die verhalen zijn van hen .'
Met een beteuterd gezicht kwamen drie uur later de vrouwen terug .
Richard hielp mee om de warme kledij die stijf stond van het ijs uit te doen, om dan hun wapens veilig op te bergen.

' Vertel . Niks zeker ?'
Door het lang op de scooter zitten moest Goedle zich uitrekken om haar rug wat te ontspannen.

' Inderdaad niks. Alle zaken zijn zo leeg als Dirk zijn onderbroek. Nog geen gebroken tandenborstel vindt je daar.'

' Jacky ' Petra nam een tas warme koffie: 'Alleen bij jullie apotheek leek alles oké. Daar blonk het nog als weleer.'

' Hadden die dan geen baby poeder ?'

' Volgens ons wel. Maar de eigenares stond ons te bedreigen

met een tweeloop . Eerst wou ik haar omleggen, maar Goedle hield me tegen. We moesten maar eten meebrengen voor hen dan konden we verwisselen.'

'Frank kom vent, we gaan babypoeder halen. Ze hebben meer dan genoeg aan ons verdiend. Trouwens Loes moet eten Het kan toch niet zijn dat ze daar voedsel weigeren te geven.'
Frank nam een riotgun en vulde het wapen met zware hagel.
Jacky voorzag zich van een browning en stak die in het schouderholster.

'Hé voorzichtig hé. De meteo ziet er maar vies uit. Zou je niet wachten tot morgen ?'

'Petra als ik altijd gewacht had op wat ik wou , zat ik nu hier niet . En zou Frank met een ander getrouwd zijn , want de rapste was hij vroeger niet .'
Onder algemeen gelach verlieten beiden de koepel om naar hun doel te rijden.

Een half uur later stonden ze aan de zaak waarin de apothekeres met haar 10 jarige zoon met gebaren teken deden dat ze moesten doorgaan.
Frank voelde dat Jacky achter zijn rug de browning uit het schouder nam en opspande.

' Frank ! Schiet godverdomme dat raam kapot, we pakken gewoon wat we nodig hebben.'

' Hé Ella. We zijn het .Frank en Jacky. We komen alleen kindervoeding halen.'

' Niks van. Wij hebben dat ook nodig om te overleven .
Ga weg. Je krijgt alleen wat als je eten meebrengt.'

' Zeg Frank , die ziet er niet echt goed uit. Maar we moeten voortmaken het wordt kouder.

Ella je krijgt toch maandelijks een rantsoen uitgereikt .'

De vrouw hief het wapen op : ' Neen, niks krijg ik nog .

Mijn man Koen is er met zijn aanhoudster uitgetrokken en heeft haar ingeschreven in plaats van mij.'

' Hoezo! Krijg je niets meer, en je zoon ?'

Ella kon haast haar tranen niet bedwingen en schudde met haar hoofd.

' Niks . De smeerlap vindt Louis een nietsnut.'

Frank stapte van de scooter en ging naar de winkeldeur.

Ella duwde Louis achter haar om de lopen naar de deur te richten.

Frank spreidde zijn armen open .

' Ella ik heb een voorstel voor jou en Louis. In ruil voor je winkelwaar nemen we jullie mee naar de koepel .

Jullie zullen daar niks te kort komen, als je tenminste blik en diepvries eten lust.'

Hij zag de vrouw twijfelen . Ze liet plots het wapen op de grond vallen.

' Het is dus toch waar wat er verteld word. Er zouden buren in controle koepel wonen en werken .

Oké . Misschien is dit de slechtste deal die ik kan maken .

Maar vroeg of laat loopt het hier toch mis.'

Ze wees naar het wapen :' Leeg . Ik heb daar geen patronen voor.'

Jacky stak haar pistool veilig weg.

'Ella vul je valies met wat je nodig hebt . Ze komen ons

weldra halen.'

Jacky nam de koude broze handen van Ella vast.

' Plaats genoeg. Trouwens, je kan een eigen kamer kiezen , je eigen thuis.'

' Mag ik ook een fotokader meenemen ?'

' Natuurlijk neem maar mee wat je wil.'

Frank was ondertussen de thuisbasis aan 't oproepen.

' Aandacht koepel. Het wordt hier vreselijk koud en waaierig. Kom eens met de Queen naar hier ; we mogen de ganse winkel uitmesten in ruil voor twee nieuwe bewoners . Kom snel aub want dit weer lust ik niet .'

IJskoude sneeuwvlokken teisterden zijn gelaat, waarop hij maar naar de winkel toeliep.

Nog geen half uur later stonden ze naar de lichtweerschijn van de talloze lampen van de truck te kijken , die de hemel tot wijd in de omtrek in vol daglicht zette.

Ella schrok van het enorme voertuig dat bijna tot in haar apotheek reed.

Figuren stormden met plastieken vouwbakken de winkel in.

Zonder aarzelen veegden ze met één arm beweging de schabben leeg.

' Stop ! Daar links is niets belangrijk . Vanaf hier moet je alles meenemen.'

'Mevrouw' Dirk wachtte even om voort te werken :'Als je vrouwen gratis laat winkelen, nemen ze zelfs het stof mee.'

'Kom maar meneer, je moet achteraan de automaat leeg maken, in de kluis en kelder ligt ook nog wat.'

'Ik heet Dirk mevrouw , ik volg je wel.'

Een loeiend geluid verwittigde ze dat het buiten begon te spannen.

Jacky gaf Louis en zijn moeder een dik deken, waarna ze haar beiden naar buiten volgden om in een ijsstorm te belanden.

Met Oei, oei stapten ze de passagiers ruimte van de Queen in waar het heerlijk warm was.

Louis schoof naast zijn moeder op een bank om daar in elkaar geknuffeld te genieten van de weldadige temperatuur.

'Mama hoe lang is het al geleden dat wij het warm hadden?'

Ze wreef over zijn haar niet wetend hoe lang dat geleden was.

Tegen elkaar aangedrukt begon de slaap zijn tol te eisen.

'Klaar? Laat het stof maar liggen.'

Richard nam een keerborstel waaraan hij een tandenborstel hing die hij voor het raam zette.

' Zo opgekuist staat netjes. Ik speel graag met de vrouwen hun.'

' Rich ! Stop . Er is nu een kind bij .'

' Gelijk heb je Jacky. We zullen ons wel aanpassen.'

Ondanks dat de Ice-Queen speciaal voor moeilijk terrein en weertoestanden was gebouwd, voelden allen de brutaliteit van de toenemend wind.

Richard controleerde de meteo instrumenten op het dashboard

'Niet slecht voor een 14de September. Nu reeds om 21 u , wat wind van ongeveer 85 km per uur , min 20°C en snel kouder wordend.

Wie sprak over een blizzard, wel het komt eraan. Maken dat we thuis zijn .'

Olaf die zijn gordel ombond, schoof het raam tussen cabine en passagiers ruimte open.

'Gordels aan. We gaan een beetje door elkaar geschud worden.'

Alsof het de gewoonste zaak van de wereld was vertrok de truck tegen de wind in naar de koepel.

' Pot vol koffie Rich, ik zie geen reet . Wat een weer is dit.'

' Olaf. Als je nu een reet zou zien, ben je heel waarschijnlijk dronken of ben je een hoerenkot binnen gereden.

Doe alle lampen uit man, de lichten schitteren teveel terug op de sneeuw .'

Alleen de standlichten bleven aan, of zoals Dirk zei : 'voor de eventuele wandelaars. '

'Frank! Wat is de korte weg naar de tunnel ? We zitten al op 100km / u.'

' Gewoon rechtdoor, rij over de velden dan kom je de E 19 wel tegen. Rij dan naar de tunnels daar moeten we niet in deze storm lossen , en de truck morgen niet vrij scheppen .'

' Juist, goed idee . Hou je bretellen maar vast, we gaan wat pret maken .'

Hobbelend en botsend vervolgden ze de aangewezen route.

Dirk die zag dat Louis ongerust werd, ging naast de knaap zitten.

' Hé makker wat vindt je van deze gratis kermis rit ? Maar heb geen angst, de Queen kan wat hebben.'

Louis moest even nadenken over zijn vraag, want hij wist al dat deze meneer de zotskap droeg.

' Meneer is de koningin hier ook ? Hoe kan dat.'

' Neen vriend . Ons karretje heet de Ice–Queen.

Die mogen we gebruiken van Queen Elly omdat zij het geen mooie wagen vindt om door Londen te rijden.'

' Mag jij de Queen van Engeland Elly noemen ?'

' Ja zeker weten jonge vriend. Ik kreeg als enige een speciale toelating. Ik kan dat gewoon zeggen wanneer ik wil. Zeker als ze het niet hoort.'

Na enkele tellen had Louis de grap begrepen, waarop hij een schaterende helle lach liet horen.

' Dank je wel meneer. Het is lang geleden dat hij gelachen heeft. Bedankt.'

' Ella , ik heet nog steeds Dirk. Je mag me zo noemen hoor, geen probleem.'

Zelfs bij het constant botsen en hotsen van het toch zwaar voertuig , vielen de nieuwe mensen in een onrustige slaap.

Frank duwde tegen Jacky haar arm om haar aandacht te trekken.

' Jacky zou je geschoten hebben ?'

Met een verbaasde blik keek ze haar man aan.

' Wat denk jezelf Frank . Natuurlijk . Ze hebben me in Brazilië neergeknald en dat gaat me niet meer gebeuren. Eerst is eerst, de laatste die reageert heeft dikke pech. Gelukkig begon Ella te praten, dat redde haar .'

Jacky zag dat Ella ondanks het indoezelen het gesprek gevolgd had, wat haar tevreden stelde. Ze zou geen extra uitleg moeten geven.

De draaiende schijf van de ruitenwisser deed enorme moeite om de bevroren sneeuw even snel weg te slingeren als het erop kwam.

' Als er iemand weet waar we zijn , graag je info.'

Een zware knal met een opwaartse beweging van de Queen deed het voertuig bijna overslaan.

' Verdorie wat heb ik nu geraakt ? Laat ons hopen dat de schep de schade beperkt heeft.'

'Olaf je bent over de veiligheidsreling van de autostrade gereden. We staan op de baan.'

' Dank je wel professor Dirk .Weet je ook naar waar nu.'

' Noordwaarts natuurlijk, dat is naar je rechterzijde draaien, Dat is waar je duim links staat.'

Met een stille lach om Dirk zijn uitleg, reed hij vervolgens bijna blindelings de E19 op.

' Olaf voorzichtig man . Knal niet op een volle tankwagen.'

De vallende sneeuw was deels al zo hard bevroren dat het een hels lawaai maakte bij het raken van de voertuigramen.

Een melding vanuit de koepel deed hen allen luisteren .

Richard drukte zijn hoofdtelefoon tegen zijn oor .

'Heeft er iemand dit verstaan ? Wat een gekraak zeg .

Halo Petra we verstaan je niet Skatt. Teveel storing . Herhaal aub.'

Na nog wat meldingen zei Louis :' Ik heb dat verstaan , denk ik toch.'

Toch twijfelde de jongen even:' Op Radar, poort Apen dicht poort Bru open.'

' Dank je wel Louis . Ik betaal je straks thuis een biertje.'

Ella wou reageren, maar wist nu al wel dat dit team stress altijd met flauwe moppen verdreef.

Ze streelde haar zoon stevig over zijn haar : Goed gedaan vent.

' En nu Rich ? Opnieuw over de reling.'

' Neen ginder vooraan de tunnel staan beton blokken die weg kunnen bij ongevallen. Laat de schep het werk doen.'

Het schuren van de schep over het bevroren oppervlak klonk zachter dan verwacht.

Olaf ontwaarde de serie betonnen obstakels om er zonder vertragen op af te rijden.

Met een harde knal en een schok die iedereen verbaasde reed de truck aan de andere kant.

'En nu zo snel mogelijk naar binnen. Weg uit deze troep.'

Bij het binnen rijden van de tunnel , werd het plots stiller.

De tunnel was door de noodverlichting voldoende verlicht , toch ontstak Olaf alle stralers.

' Daar staat Goedle al te wachten.'

Om niet verblind door de lampen te worden deed ze een stap achteruit tot in de doorgang van beide tunnelkokers.

' Hé grote ! Alles goed met jullie. We waren jullie kwijt op de radar. Toch tot je de autostrade opreed. Is daar een oprit?'

' Skatt het is daarbuiten zoals in Canada. Vreselijk . Maar we zijn zelfs Dirk niet kwijtgeraakt.'

'Laten we de bakken naar boven doen , hier beneden is het ook niet echt warm.'

Met man en macht liepen allen beladen de trap op tot de voedsel loods , om door de sluis de koepel te betreden.

Zonder wat af te spreken begon Frank aan een warm maal voor allen .

Dirk ging met een mand vol babyvoeding tot Mieke.

'Voilà Loes , je oom en peter heeft het weer gefikst.

Zonder mij zaten ze nu in Brussel.'

Petra zag dat Ella niet echt op haar gemak was, en wat zenuwachtig rondkeek.

' Welkom Ella. Ja niet echt een paleis , maar knus. Kom.'

Ella volgde haar tot aan wat zij beschouwde als een veldhospitaal.

'Kies maar, kamers genoeg. Laat je spullen maar hier, we gaan eerst bijpraten.'

Samen gingen ze tot aan de tafel waar Louis rustig zat te wachten.

' Frank hoe lang nog ? We gaan de Queen onklaar maken.'

Louis wou al opstaan om te gaan helpen, een handgebaar van Richard hield hem tegen: 'Je bent niet warm gekleed.'

' Tegen dat jullie klaar zijn .'

Met twee batterijen en de starter kwamen ze een half uur later terug boven.

In sportkledij schoven allen aan bij de tafel , waar Ella met Louis de eerste warme soep aangereikt werd.

Vrolijk keuvelend genoten ze van de warme maaltijd die de kok had bereid.

' Ella ik denk dat jullie nu vol met vragen zitten, zullen we ons eens voorstellen.'

Louis stak zijn hand op: ' Krijg ik alle dagen zoveel eten ?

Dan ga ik morgen honderd kilo wegen . Merci Frank, lekker.'

Dirk grinnikte om dan naar Frank te wijzen.

' Wacht maar tot je alle dagen dezelfde worsten moet eten .

Veel verbeelding heeft die niet.'

' Ja maar, wat denk je van alle drie of vier dagen een beetje babypoeder.' Louis keek hem triomfantelijk aan.

Goedle tikte op tafel .

' Vermits ik klaar ben met eten , komt de uitleg er zo aan.'

' Ik ben Oostenrijkse en heet Goedle, natuurdeskundige

Naast jou zit mijn man Rich , Noors en jager van beroep .

Jacky ken je, verpleegster bij de Nato troepen in Iran en omstreken . Schots en whisky stookster. Petra , onze Spaanse weervrouw . Die andere grote lummel is haar man , ook Noor en houthakker , dan onze levens redder en kok Frank .

De enige ware Belg in dit paleis.

De laatste is een Pool van Belgische afkomst .

Die spreekt ook geen woord Pools.

Dan hebben we de nieuwelingen Mieke , Roland en Loes.'

' Dank je. Ella om jullie te dienen, met zoon Louis. Griekse.'

' Mijn pa zei altijd dat je dat alleen kan horen als ma boos is.

Dan gaan volgens hem ook de bomen lopen .'

' Mag ik voort praten ? Dat waren onze beroepen tot wij als een filmploeg werden samengesteld. Nog vragen ?'

' Ja, maar ik ben een beetje bang dat die niet leuk gaat aankomen bij jullie.'

Jacky zette zich wat rechter :' Geen angst, we weten al wat je gaat vragen. Zoals bij iedereen komt de vraag op of we kinderen hebben.'

De plotselinge stilte aan tafel werkte beangstigend voor Ella.

'Het antwoord is ja . Waar ze zijn weten we sinds 20 jaar niet.

Ze zijn ontvoert door de drug koningen van Zuid-Amerika omdat wij heel per toeval een drug lab gefilmd hadden.

In onze jeugdige overmoed hebben we de overheid verwittigd.

Resultaat. Geen uur later werd de film opgeëist , helaas was die al op weg naar onze opdrachtgever.

We hebben geprobeerd om onze kinderen te vinden. Helaas. De volgende dag werden we het land uitgezet , we mogen ginder nog steeds niet binnen. Amen.'

'Maar dat is verschrikkelijk.' Ella had met afgrijzen geluisterd: 'Och arme jullie allen .'

' Ik zei amen , en daar laten we het bij.'

Roland die vraag en antwoord ook voor het eerst vernam snoot zijn neus luid en duidelijk.

' Ik had wel een andere vraag verwacht zoiets als, hoe houden jullie je bezig ?'

' Heb jij je al verveelt ? Hier is werk genoeg , ook nu de beide tunnels leeg zijn. Trouwens we kunnen nu bij de taallessen Grieks voegen .We geven hier taalles Ella. Je kan ook de meteo leren begrijpen of waar ook helpen.

En als ik je mag wijzen op de toekomst van Louis . Die zal nog wel wat les kunnen gebruiken.'

Louis blies zijn adem uit : ' Toch niet naar school ? Daar leer je niets nuttig.'

' Zo! Kan jij foutloos schrijven en rekenen. Ooit zal je dat nodig hebben. Maak je maar geen zorgen , wij zullen je wel onderwijzen. Dirk kan je alles leren over de computer , Frank is een automekanieker, ieder van ons kan je wat bijbrengen. '

Dat kwam goed uit voor hem . Geen vaste lesuren en alleen dat wat hij graag deed.

Dat resulteerde in het angstig kijken van Ella , tijdens het kaarten.

De mannen leerden hem pokeren, waarbij speelgoed geld werd gebruikt.

In het begin lieten ze hem wat winnen tot Richard doorhad dat die knaap over meer hersenen beschikte dan ze dachten.

Alleen aan de wekelijkse kaartprijskamp mocht hij niet meedoen, daar werd altijd om kapitalen gespeeld.

Frank haalde een metalen cilinder uit zijn zak , legde die in 't midden van de tafel en wees naar de tube.

' De laatste Cubaan. In feite de laatste sigaar. Wie eerst de duizend rankt wint deze gouden schat. Morgen misschien miljoenen waard.'

Olaf nam de sigaartube op en gaf die aan Frank.

' Hier vriend voor al het goed en smakelijk eten dat jij met je beperkte middelen toch tevoorschijn haalt. Bedankt makker.'

Allen applaudisseerden voor hun kok , die wel en beetje rood aanliep.

' Bedankt , die hou ik bij voor Louis zijn 18de verjaardag.'

' Hela dat zal niet zijn . Je moet mijn zoon niet leren roken.'

'Wie zegt dat het voor hem is. Ik ga die dan vredig en smakelijk rokend inkorten.'

Betrapt en beschaamd zette ze zich tussen alle lachende gezichten neer. ; ' Sorry .'

Het team besloot om Kerstmis nog volop te vieren.

Een uitgebreid feestmaal met oudjaar zou er niet komen.

' Oké vreetzakken , luister eens naar den Belg.

Nog voor ongeveer drie maanden en ik zei drie, hebben we voorraad. Als dat op is zullen jullie op mammoeten moeten jagen. Luiaarts antwoord nu weer niet zoals altijd, ja maar dat zal allemaal al opgegeten zijn.'

'Hebben jullie de grote depot van de warenhuizen of de kleine slachterij achter ons al geprobeerd?'

' Ella . Daar schoten ze met scherp . Neen die grote zaken zijn al uitgepluisd tot de beton toe.'

'Zullen we nog eens rondfietsen Rich . Ieder blik telt nu.'

Januari 2036

Terwijl de lucht steeds blauwer maar ook kouder werd, doorkruisten ze de omgeving met de Queen.

Om wat bruikbaars te vinden moesten ze steeds verder weg gaan zoeken.

Tot aan de Nederlandse grens doorzochten ze iedere winkel of warenhuis , waarbij de buit heel weinig bleef.

' Gelukkig rijden we gratis , het zou anders per blik nogal wat kosten.'

' We moeten een tunnelgraver aanschaffen, dan kunnen we in het ijs naar het Noorden boren tot we een bevroren supermarkt tegenkomen.'

Dirk die op een zoethout kauwde klapte in zijn handen.

' Magnifieke idee mon ami. Als ik zoveel verstand als jij had, zou ik nu in een koeienstal wonen. Weet jij wel wie daar over de grens wonen ?

Nederlanders of te wel Hollanders.

Die vreten zelfs de verpakkingen op als ze het moeten betalen.

Daar zal je zelf geen vuile onderbroek meer tegenkomen.

Maar ik vind je gedachte een reuze idee .'

Richard die nooit verwonderd was over Dirk zijn geniale inbrengen , trok toch zijn wenkbrauw op.

' Hoezo, leg het eens uit .'

' Rij maar naar huis . Hier is niets te vinden.'

Voort kauwend zakte hij wat onderuit in de zetel, en begon een kinderliedje te neuriën.

Zonder nog aan een gesprek deel te nemen, reden ze naar de koepel.

Bij het snelle terugkeren van hen was er verwondering te zien bij de thuisblijvers.

' Hier het genie heeft weer wat uitgevonden. We gaan de loods opnieuw kunnen vullen.'

Dirk nam rustig een koffie, zette zich aan tafel en spreidde zijn armen .

'Kom tot mij mijn geliefde onderdanen. We gaan de metaaldetector gebruiken om de vluchters na te lopen.

De Queen kan alle metaal opgraven. Ik ben zeker dat er voldoende blikken onder de sneeuw zitten , zeker omdat de blizzard hen heeft ingehaald. Het gaat jullie goed volgelingen bij het zoeken . Mijn lichaam en hersenen moeten nu rusten.'

Ze moesten even nadenken over zijn woorden.

Er werd besloten het te proberen ondanks het werk dat het zou meebrengen om de ganse E19 af te graven.

'Bobcat. We kunnen die gaan lenen om te graven , dan moet Olaf niet alleen zijn peer afdraaien.'

' Zie je wel dappere onderdanen , zelfs Frank heeft een idee dat kan werken.'

' Vandaag of morgen maak ik soepvlees van jouw simpel lichaam. Spijtig zal het arme mensen soep worden, veel vet zal er niet op liggen.'

Een volle week hadden ze nodig om over en weer te rijden naar de winkel waar bobcatten, en graafmachines konden worden gehuurd. De meesten moesten ze uitgraven die dan door Frank met zijn nieuwe helpers Roland en Louis werden startklaar gemaakt.

'Wat een machtig zicht. Zie ons team nu eens bezig .'

Vier gravers reden naast elkaar, waarin ook Louis en Roland het stuur bedienden.

Gevonden auto's werden met de Queen gewoon over de reling gekiept.

Waar er maar een biep te horen was werd de sneeuw weggegraven, om die in een groot metalen net te droppen Gasbranders smolten snel de aangegeven plek , waarna de eerste keer een gejuich opstak. Een volledige rantsoendoos was gevonden .

' Helaas koffieblaas, wat wel wil zeggen dat de eigenaars niet veraf zullen liggen. Amen.'

'Toch verbaast het mij Olaf dat we reeds voor Mechelen slachtoffers vinden.'

' Frank mij niet. Hoe in godsnaam ga je nu een poolcirkel overleven gekleed in Europese winterkledij. Man zelfs in mijn verwarmt pak vroor ik soms bijna dood.

We gaan heel wat blikken vinden vriend.'

Dat was zeker geen helderziendheid. Toch steeds vonden ze wel iets, het schokkends vonden zij het opgraven van de pony's met hun bijna vol sleepnet.

' Mensen ! Dit is perfect voedsel, die dieren zijn gewoon dood gevroren. Het is aan jullie. Moet ik die versnijden ?'

Omdat honger een goede meester is , had Frank veel werk met het verwerken. Samen met de vrouwen gingen er later heel wat nuttige vitaminen in de diepvries.

Ze beslisten te stoppen aan de eerste afrit van Mechelen.

'Vanaf nu wordt het zinloos .Teveel splitsingen , we zouden weken moeten graven. Zag je de E 19 al na ons bezoek?'

De autobaan zat vol met diepe ijsputten, uitgegraven door het team.

' Daar gaat niemand nog snel over rijden. Tot na de dooi toch niet.'

Al de noeste arbeid bezorgde het team wel voor heel wat maanden extra voedsel.

' Hé team, wat nu ? We kunnen niet blijven zoeken, ooit vinden we één blik, en slagen elkaar dood om het te hebben.'

' Maak je daar maar geen zorgen over.'

Dirk zat aan zijn schermen :' Kom dit maar eens lezen.'

Goedle luisterde aandachtig naar zijn stem, ze voelde dat dit niet goed zou komen.

' Lees maar voor vriend , we luisteren aandachtig.'

Dirk schraapte zijn keel want dit was inderdaad onheil.

< Bericht van de overheid.

Na lang beraadt heeft de regering beslist om alle niet meer werkzame afdelingen te sluiten, dit om kostbare energie en voedsel te besparen.

De volgende hulpstations worden gesloten vanaf 1 februari.

Gok eens . We zijn erbij.

De schuiloorden moeten worden gesloten. De overgebleven rantsoenen worden naar het dichtstbij gelegen verdeelcentrum gebracht die dan aan de vele bewoners van de nog bewoonde tunnels zal gegeven worden. De verdeling zal gebeuren vanuit Brussel.>

' Wat is dit nu weer? '

'Het is nog niet gedaan.

Alle voertuigen worden terug gevorderd.

Vermits er alleen bekwamen mensen in de koepels zitten die zichzelf uit ervaring kunnen redden, denken wij dat er geen problemen gaan verschijnen.

Wij de mensen van de winter regering danken alle helpers voor hun inzet. Het gaat jullie goed.'

Olaf zette zich met een luide lach recht.

' Je moet niet geloven dat ik de Ice - Queen ga terug geven . De eerste die onze troetel durft aanraken, begraaf ik bij alle anderen op de E19.'

' Juist makker maar wat nu ? Als ze alle energie afsluiten hebben we wel kak in de broek, bevroren kak.'

'Rich , zal ik je mijn idee eens meegeven. Toch vreemd dat wij juist gegraven hebben, maar oh wonder, ze gaan plots alles eerlijk willen uitdelen.'

'Jongens maak je niet druk, we pakken gewoon in en verhuizen naar waar we willen .'

' Daar Jacky zegt ook wat. Hoe denk jij om 12 teamleden voor

de wolven te kunnen verbergen ? Vooral als ze meer dan vijf ton eten moeten meenemen , your grace , graag het antwoord.'
Een beetje gestoord door de directe aanval van Dirk , moest ze even ademhalen.

'Voddenvent! Als jij eens wat minder via de PC met Mia zou zeveren , maar ook eens in de tunnel met de mensen had gaan praten zoals ik alle dagen deed. Dan zou je weten dat daar een koelvrachtwagen staat, wel leeg gegeten , helaas tevens met lege brandstoftanks.
De brandstof gebruikten de mensen om het wat behagelijker te hebben.
Dat voertuig kunnen we met de hulp van Frank heel vlug beschikbaar maken . De Queen zorgt voor onze veiligheid en de truck voor eten.'
' Proficiat Highlander. Naar waar zouden we moeten uitwijken ? Denk je niet dat voedsel nu een dodelijk eigendom is, maar je hebt gelijk Jacky. Laten we onze vuile sokken zo duur mogelijk verkopen.'
' Hela ! Laat ons daar even over nadenken.. Iedereen zal ons wel benijden. Ik stel als trektocht het huis van Lisakki voor , het zou zot zijn om het zuiden aan te doen , alleman loopt die richting uit.'
' Petra. Dat is zeker met een twijfelachtig woont ginder in het hoge noorden.
Daar zal het ook geen zomer zijn . Denk jij dat zij nog leven ?'
'Dat zal ik eens nakijken. Misschien vind ik zijn huis wel terug.'
'Hier , zijn coördinatie.' Dirk gaf haar zijn gsm: ' ik heb die

toen via google earth opgezocht , kwestie van eens op vakantie te gaan.

Zoek Petra, ik ga Mia bellen, haar eens vragen waarom wij buiten geschop worden.'

Even later verscheen het gelaat van Mia op het scherm.

' Mia schat, kan jij verklaren wat er gaande is, we worden wat zenuwachtig.'

Een militair nam haar plaats over.

'Gegroet Meneer Gielasz. Helaas zijn wij genoodzaakt om deze strenge regels uit te voeren.

De volledige regering is samen in Brussel, wij moeten ongeveer duizend militairen die voor bewaking zorgen voedsel verschaffen. Dat kan alleen door nutteloze verbruikers uit te schakelen.

Wij hopen dat jullie daar begrip voor hebben.'

Mia nam haar plaats weer in.

Ze sprak hem aan over hun koepel en toekomst, waardoor de aanwezigen hem hoorden zuchten. Even wou hij reageren , maar ze nam opnieuw het woord

' Dirk, ik moet je wat vertellen. Voor de regering zijn jullie als dood afgemeld, met nog in te vullen sterfdatum.

Dat gaf mij ook de kans om met mijn nieuwe man te huwen.

Sorry Dirk, maar ik denk ook dat wij elkaar toch nooit weerzien . Trouwens ik ben in verwachting , al vijf maand.'

Ze liep wat achteruit en toonde haar buik.

' Wat ! Wat zeg je nu ? In verwachting! Jij kon toch niet zwanger worden , gij vuile teef . Ik maak je af als een dolle hond.'

Met een smak smeet hij zijn hoofdtelefoon tegen het scherm om woedend naar de keuken te lopen.

Petra die nog aan haar scherm zat, trok de plug van zijn hoofdtelefoon uit zodat allen de woorden van Mia konden horen.

'Zie je wel Dirk , zo ben je nu eenmaal. Steeds jaloers en snel woedend. Ik ben gelukkig met Jan, hij zal me niet zonder voedsel laten creperen.

Gegroet Ex vrienden , het gaat jullie voorspoedig.'

Met een schijnheilige lach sloot ze af.

' Dag vriendin, hopelijk komen al je dromen uit.'

Met bijna niet te beheersen woede stond Dirk verslagen naar het leeg scherm te kijken.

' Wacht maar sloerie , deze Pool zal je komen zoeken. Ik snij die bastaard uit je lijf en vreet hem op.'

Olaf nam zijn vriend bij de schouders

'Dirk , zeg zo'n dingen niet . Het is niet de fout van dat kind. Beheers je wat man , straks ontplof je nog.'

Met tranen in de ogen moest Dirk even slikken alvorens te kunnen praten.

' Heb je gehoord wat dat wijf ons aangedaan heeft, neen hé ? Zij heeft onze koepel aangeduid als een groot verbruiker van rantsoenen die nu niet meer worden uitgedeeld, zodus kan dat voor hen gebruikt worden. Ik maak haar af met een bot mes .'

' Goede planning makker, zeker met een gans leger rondom haar. Waarschijnlijk hebben die ook beter pief -poef –paf gerief dan wij.'

Ella gaf hem een beker water :' Drink, het zal je kalmeren.''

In één slok dronk hij het glas leeg , om enkele seconden later in slaap te vallen.

'Wat gaf je hem zeg? Verstop je straks maar op de hooizolder.'

Automatisch keek ze omhoog waar alleen wintermateriaal te zien was.

'Een sterk slaapmiddel, straks zal hij rustiger zijn. Het werkt slechts kort.'

In afwachting van zijn ontwaken begonnen allen aan de dagtaak.

Nog wat wankel en verdwaast , leunde Dirk later tegen de zetel waarin hij geslapen had.

Wrijvend over zijn hoofd, moest hij even nadenken wat er was gebeurt.

Hij liep naar de wapenkast van waaruit hij een schouderholster met pistool nam en omhing.

'Wie ook met mij nog eens zo'n truc wil uithalen , niet doen. Ella bedankt, maar vanaf nu betrouw ik je voor geen cent meer.'

De sluis ging open waardoor Richard verscheen met een wapen in de hand.

' Zo kameraad , ben je wakker. Gij kunt nogal snurken .'

Nu eerst zag hij dat zijn teammaat een holster droeg.

' Hahaha , gaan we cowboy en indiaantje spelen? Dat is eeuwen geleden .'

'Neen, maar vanaf nu draag ik een wapen. Ik betrouw niemand meer van buiten de koepel.

We moeten een nachtbewaking invoeren .'

'Dat mon ami hebben we al gedaan terwijl jij lag te luieren.
Om beurt twee uur, de ganse nacht en dag rond. Ik kom
zojuist van de buiten ronde, resultaat . Niets te zien , de grond
is zo hard bevroren dat er geen sporen op te vinden zijn .'
'Komen jullie aan tafel , dan kunnen we vergaderen.'
Frank had wat warme snacks gemaakt, die bij allen de
gehemelten streelden.
'Het huis van Lisakki ligt onder meters ijs. Zelfs zoveel dat er
geen boomtop bovenuit steekt. Ik ben dan maar vanuit half
weg Polen beginnen zoeken. Eigenlijk ter hoogte van Oslo
daar stopt de ijs muur, voorlopig toch.'
Roland keek even de tafel rond , wetend dat rondreizen voor
hen hier een dood normale zaak was.
' Mag ik wat vragen. Wat bedoelen jullie met het huis van die
man ?'
' Lisakki is een rendier hoeder annex jager , die in het verre
Lapland onze gids was tijdens enkele leuke documentaires .
We hebben zijn familie een dienst bewezen en zoiets vergeten
die mensen niet. Wij mogen telkens we daar zijn gratis
verblijven. Als er iemand is die in een koud gebied kan
overleven , dan zijn het wel de Lappen of eigenlijk zoals zij
zich noemen de Samen. We zullen hun deskundigheid goed
kunnen gebruiken als we oud willen worden.'
' Sorry voor mijn nieuwsgierigheid, maar Mieke en ikzelf
hebben onze bedenkingen over zo'n tocht, zeker om zover met
een klein kind als Loes zoiets te ondernemen.
Daarom onze vraag. Kunnen wij hier niet blijven wonen?
Hier is alles om het knus te hebben.'

'Buiten voedsel vriend. Je weet dat ze het vroeg of laat zullen komen halen.'

'Ja dat weten wij. Maar ik wou zeggen , kan je ons inschrijven in de stad. Wij zijn hier niet uitgeschreven , misschien mogen we daar heen .'

Het was alsof je een speld kon horen vallen , tot Goedle de stilte doorbrak.

' Dank je wel Roland. Ik ook had al wat twijfels over Loes.

Ik stel voor dat we je toegang afkopen met de overschot die we niet kunnen meesleuren '.

Ella stak haar hand op .

' Eigenlijk heb ik ook niet de beste herinneringen aan de koude . Als het mag, blijven wij hier ook.'

'Mama ! Neen please . Ik wil mee met mijn nieuwe vrienden.'

' Louis . Dat kan niet jongen, je ma heeft gelijk. We weten zelf niet of we het gaan halen. Maar ik de zotte Pool beloof je dat we elkaar weerzien , als we gesetteld zijn kom ik je persoonlijk halen. Beloofd .'

Betreurd liep Louis naar de slaapkamer om daar wenend op het bed te vallen.

' Ma , ik haat je .'

' Awel , ik moet zeggen dat dit snel gaat. Jullie verlaten ons wel snel.'

'We hebben dat samen al besproken Goedle , wij zijn niet van onbreekbaar ijs gemaakt zoals jullie .Wij hopen dat het ons niet kwalijk genomen word.'

' Dit is nog altijd een vrije wereld waarin ieder zijn toekomst kan bepalen . Hopelijk kan het, anders zal je mee moeten.'

Jacky nam een stel kleren uit een kast.

' Neem dit toch maar aan , we hebben de reserve pooljassen niet nodig.'

Mieke kreeg een mouwloos gemaakte jas, die vermaakt was als draagmand voor Loes.

Een kristallen brosse in de vorm van een vlinder kreeg Loes omgehangen.

' Dat dit kleinood je geluk mag brengen meisje.'

Dirk die de gemoedstoestand van Louis begreep , gaf hem zijn ketting met dog tag.

' Hier jongen , dit heb ik niet meer nodig . Ze moeten me niet meer komen bewenen, ik ben al deze zever meer dan beu.'

Het verzoek werd snel ingewilligd, bijzonder door het beloofde overschot van voedsel samen met een deel van de medicijnen waaraan ze in de stad precies heel wat te kort kwamen.

Frank legde een lijst op tafel met zaken die onontbeerlijk waren, die iedereen ernstig doorlas, waar soms nog wat aan bijgevoegd werd .

' Frank wanneer denk je dat de koelwagen klaar is ?'

' Morgen of overmorgen kunnen we laden. We hebben de motor moeten herstellen. Wij zouden eerst de koeling op een kar gaan zetten , helaas werkt de vriezer op de motor. Dus de ganse koelwagen moet in orde zijn . Morgen misschien al.
Je kan de Queen met aanhangwagen al naar boven halen.'

'Wel spijtig dat we geen grotere koelwagen hebben, maar ja dan zouden onze vijf vrienden ook mee moeten bij gebrek aan afkoop materiaal.'

Twee dagen lang werd de koepel grondig nagekeken op materiaal die het team niet kon missen op de tocht naar het onbekende.

De aanhangwagen geraakte behoorlijk gevuld, wat ze deed beseffen dat er meer risico moest genomen worden met een deel terug uit te laden, anders moesten ze teveel voedsel achter laten. Voedsel dat bijna zeker nergens te vinden zou zijn.

' Toch gaan we deze achtergelaten rommel later missen ' zuchtte Frank.

Frank was de man die de koelwagen naar boven zou halen.

Wat later klonk de stem van Frank door de luidsprekers.

' Breng de Queen eens naar beneden , we kunnen de oprit niet op , te glad. We moeten voor sneeuwkettingen zorgen anders geraakt de vrieskast nog niet tot in Brussel.'

Een uur later stonden beide voertuigen voor de voedselloods, waar Frank de meest delicate voedingswaren aan de koelcel toevertrouwde.

De koelwagen was nokvol gevuld , en stond lustig te draaien om ondanks de verschrikkelijke vrieskoude het geheel koel te houden.

Ondertussen had Richard na lang aandringen een gesprek met de burgemeester kunnen bemachtigen. Hij verbrak de verbinding met het stad en legde de telefoon neer.

'Zo ! Weer een kliek die ons graag ziet vertrekken . Vreemd. Eerst moeten wij voor bijna al de voorsteden zorgen, nu nog geen bedankje. Och wat maakt het nog uit, we zijn zo weg.'

Hij wees naar de achterblijvers.

'Jullie kunnen hier blijven tot ze je komen halen. Dat is afgesproken. Ella ik zou toch heel wat dure of meest gevraagde medicijnen verstoppen, dat zouden wel eens je betaalmiddelen kunnen worden.'

Ella gaf ieder lid een tas met lange riem.

'Ik heb voor ieder van jullie een eerste hulp doos gemaakt die je kan omhangen , plus een extra grote voor de Queen.

Het is een doos voor gevaarlijke wonden , inclusief morfine, wondpoeder en drukverbanden.

Wij wensen jullie veel geluk en hopelijk vernemen wij ooit nog iets van het team .'

' Denk jij dat we oorlog gaan voeren Ella?'

' Schat van een Pool. Ik heb een jaar niets anders gezien dan oorlog in de apotheek, je zal nogal verschieten wie jullie allemaal naar het leven gaat staan voor al dat eten . Neem maar mee, hopelijk heb je dat nooit nodig.'

Petra zat nog steeds naar Lisakki te zoeken. De vermoeidheid om drie dagen te zoeken naar een spoor van de familie was duidelijk op haar gelaat te bemerken.

'Louis kom eens luisteren vriend, Ik heb een signaal maar versta het niet echt. Je oren zijn nog jong dat bewees je vroeger al. Misschien hoor jij iets.'

' Zie je wel ma, dat ik nodig ben .'

Fier zette hij zich bij Petra, nam de hoofdtelefoon op om aandachtig te luisteren.

Na een korte tijd stak hij zijn hand op.

' Ik hoor zoiets als Ala vi. Sorry veel teveel storing.'

' Dank je mijn jonge vriend met je hulp. Het is älä viitsi , het betekend kom maar. Ondanks dit zal je toch je moeder moeten vergezellen. Het spijt me.'

Olaf leunde over haar schouders: ' Waar zitten ze ?'

' Gok eens , ergens voorbij de grens met Rusland. Denkelijk op de hoogte van Oslo. Waarschijnlijk daar waar er nog bossen en weilanden bestaan voor zijn rendieren.

Het antwoord is dus heel simpel. Zoeken tot je schoenen versleten zijn.'

Dirk begon te vloeken .

'Miljarden vuile vuilbakken. Dat was de laatste vraag of zoektocht. Alles uitgeschakeld, ze zijn ons echt beu .'

'Maldito , hier ook niets meer te beleven, alle schermen zijn dood. Ook goed, dan kan ik gaan slapen.'

Petra liep met een deken naar de Queen om zich op de achterbank neer te leggen. Binnen een tel klonk er een zacht gesnork uit de cabine.

' Jongens , we gaan eerst voltanken. Volg je leider.'

'Pas maar op voor mijn vuist leider , of het wordt lijder.'

'Meneer één meter twintig wil zeker graag een pakje rammel krijgen. Heb je alles bij Dirk?'

' Ja Olaf hier zullen ze niets meer vinden om hun gat af te vegen. Ik denk dat we klaar zijn.'

De Ice-Queen reed voorop met Richard aan het stuur.
De zwaar beladen aanhangwagen slipte even alvorens vlot de
trekker te volgen.
Frank met Jacky bestuurden de koelwagen waaraan achteraan
twee aan elkaar vastgemaakte duo sneeuwscooters hingen.
Ze deden het benzinestation aan waar de eerste keer getankt
was.
' Mooi graf Olaf.' Richard wees naar de hoge hoop waar het
station had gestaan.
' Yep met al die sneeuw erop lijkt het op een Vikinggraf.
Hopelijk wordt hij ooit deftig begraven.'
Ondanks de koude ging Dirk tot bij de koelwagen.
'Hé Frank zag jij de rovers ook ? We zijn de bocht nog niet
uit , of die van het stad kwamen er al aan.'
' Nee makker , niks opgemerkt . Maar het maakt niet veel uit
ze zijn te laat voor al onze voorraad.'
'Oké dan zal ik me vergist hebben, die twee dikke
lomperiken vooraan zagen ook niets.'
Volgetankt reden de wagens richting Mechelen, er was
besloten om zo weinig mogelijk de autostrade te gebruiken tot
ze voorbij Brussel zouden zijn. De oude route tot de Ardennen
was goed genoeg voor hen. Niemand wou het zwaar geschut
van de regering tegenkomen.
< Queen ! > < Ja Frank zeg het eens .> < Ginder stoppen bij
die auto shop. Sneeuwkettingen zijn onontbeerlijk >
Ze stopten bij de shop waar ze een man waarnamen die
binnenin voor de etalage stond met een bord in de hand.
< Help mijn vrouw en kinderen aub. >

' Rich ! Is die nu dood of wat ?'

Ze betraden de winkel door een ruit in te slaan .

' Yep , die ademt niet meer . Hoe heeft die de moed gevonden om rechtstaand te sterven ? Frank zoek je gerief , wij zoeken de anderen.'

Achter de toonbank was een schuilplaats gemaakt waarin nu een dode vrouw met haar kinderen lag.

Olaf nam het stijve lichaam van de man en legde die bij zijn familie.

' Zo man . Samen leven, samen begraven worden. Het gaat jullie goed waar je nu ook bent, amen.'

Frank kwam met enkele dozen naar beneden .

' Spijtig geen batterijen te vinden , wel ruiten wissers .'

'Die batterijen Frank, hebben ze hier achter de winkeltoog opgebruikt om te verwarmen en te koken, denk ik toch. Maar ruitenwissers?'

' Ja Olaf, wij hebben ruitenwissers en geen draaischijven die de sneeuw wegslingeren . Daarom neem ik er maar wat extra.'

Na wat zoeken vonden ze wat nodig was, en begonnen aan het monteren van de kettingen

'Zeg Petra! Zie je wel dat het sterke geslacht goed kan werken, ook zonder onze hulp.'

De vrouwen keken vanuit de warme wagen naar de mannen die zwoegden om de sneeuwkettingen aan te brengen, wat met de opnieuw vallende sneeuw niet echt prettig was.

De mannen kwamen terug de wagens in, waar de warmte hen overviel.

' Poesie mauw ; mijn handen hebben het kou. Enfin , laat ons hopen dat de Frank nu kan volgen.'

' Dirk sinds wanneer kan jij dichten ? Toch niet dronken ?'

' Goedle meisje, dat kan niet, ik heb geen drank meegenomen. Laat ze ginder het maar opzuipen, dat is veiliger voor onze tocht.'

Nu en dan moest de bestuurder van de Queen een auto opzij duwen , zodat ook de koelwagen goed kon doorrijden.

' Zeg daarboven , hou nu eens een beetje op met sneeuwen .'

In plaats te minderen viel de sneeuw met bakken naar beneden.

'Queen ! Dit gaat er over, ik zie het hol van de duivel nog niet. Kunnen we even stoppen of schuilen?'

' Frank ! Moet ik je trekken ? Maar we rijden straks voorbij de Nekkerhal misschien moeten we daar maar een stop maken tot deze vlaag over is.'

' Ja is goed . Ik ben kapot . Mama Mia wat en weer is dit nu? We zijn verdorie nog maar juist voorbij Mechelen , wat gaat de volgende drie duizend kilometers geven. '

' Frank makker, je had deze nacht moeten komen slapen.'

' Kon niet Dirk , dan zouden we nog aan de koepel staan. De koelkast rijdt , dat is het voornaamste . 't Is oké , ik leg me zo wel even neer.'

Een kwartier later stonden ze voor het gebouw . Olaf maakte de keuze waar ze zouden binnengaan.

' Deuren genoeg , we zullen eens zien welke los is.'

Hij hoorde Richard grinniken , die gaf gas en reed gewoon een rolpoort uit zijn hengsels.

' Voilà , deurtje open . Wees wel gekomen in mijn nederige

stulp.'

' Zeg ! Heb je nooit gedacht dat het hier een voedsel koepel kon zijn. Brut beest. Hoe ga je die nu straks dichtdoen ?'

Richard ontstak alle lampen, waardoor het interieur volop verlicht werd. Allerlei verlaten standen van de laatste tentoonstelling stonden nog verspreid in de grote hal , verder zagen ze niemand. Ze reden binnen, gevolgd door de koelwagen. Het suizend geluid dat buiten zo storend klonk werd plots afgebroken.

Richard reed naar het midden van het gebouw, met enkele meters afstand hield de andere truck halt.

Jacky kwam er langs de bestuurders kant van de koeltruck uit, klom op het motordeksel waar ze langzaam ronddraaide.

' Ze heeft de kijker aan . Doe de lampen uit.'

De plotselinge duisternis verraste hen toch een beetje, slechts aan de ingereden poort was wat diffuus licht te zien.

' Geen indringers te zien 'riep ze :' wacht even ik probeer de warmtezoeker.'

Opnieuw draaide Jacky om haar as .

' Oké clear. Rich rij naar de zijkant, daar is een restaurant annex toiletten .'

' Denk je dat die nog werken ? Doe ik.'

Hij ontstak de gewone rijlichten om haar keuze te volbrengen Dirk die altijd op de midden plaats zat , wachtte tot Goedle uitstapte. Nam de riotgun die voor hem in een beugel stond om dan naar de lokalen te lopen . De twee Noren liepen hem snel achterna.

Eén voor één werden alle vertrekken van de hal tot op de

millimeter nagekeken, waarna de speurders tevreden terugkwamen.

Olaf nam de dierenspotter die met zijn twee sensoren ieder voorbijgangeer zou aankondigen, om het toestel naast de ingereden poort neer te zetten.

' Zo , we gaan geen twee keer alle toiletten moeten nakijken.'

Petra liep naar Jacky toe.

' Jacky waarom kwam je langs Frank zijn kant uit de truck ?'

'Die slaapt, ik nam over terwijl we stilstonden, na je ramkraak . We zullen wel in de duisternis moeten wonen , je kan de lichten niet heel de tijd laten branden, of stond er iets in de magazijnen dat nuttig kan zijn .'

Goedle blies een warme wolk adem uit, ondanks de warme kledij had ze het fris.

' Toch nog kouder dan ik dacht.'

'Maar ik weet wel wat om het hier een klein beetje te verwarmen.'

Dirk nam een bijl uit de Queen, liep naar de restaurant keuken waar hij begon te hakken. Even later verscheen hij met een grote gas Barbecue .

'Weet je wat Dirk ! Dat zal wel warmte geven, moest je een volle gasfles hebben.'

Even later sleep hij met een kleine slijpschijf het deksel van het vuur , verwijderde de roosters om het deksel omgekeerd in de ontstane ruimte te leggen .

Dan volgden de poten, die maakte hij korter tot het vuur zo hoog als een stoel was .

Papier samen met een kapot geslagen stoel zorgden snel voor

warmte .

' Ziezo , mijn vuur brand . Als je ook wat wil genieten raad ik jullie aan om hier een stapel brandhout neer te leggen.'

Een schouderklop deed hem omdraaien.

'Moest jij niet zoveel lawaai maken zodat ik kan slapen , zou ik dit een prachtige uitvinding vinden. Toch voor een luizige Pool.'

' Zo luie kok , al wakker.' Dirk trok een tafel met een stoel nabij.

' Hier Belg, zet je en geniet van ons kampvuur. Maar val niet in het vuur met je slaapkop.'

Het geluid van het kraken van stoelen en tafels vulde de hal. Al wat brandbaar was werd aangevoerd om het vuur te voeden.

' Bedankt Dirk, toch ga ik in de Queen slapen. Veilig is veilig.

' Wij allemaal Goedle , wij allemaal. Volgens mij waren er nog veel woningen verlicht in Mechelen. Daar kunnen we beter rekening met houden.'

'Juist, ik zag het ook. Ze hebben precies een betere baas, of vonden wat om te verlichten.'

Een rantsoenpak uit de ijswagen, diende wat later om het team te verzadigen. Met een pan en kookpot vanuit de keuken was er een behoorlijke maaltijd bereidt .

Drie dagen genoten ze van de hal , zolang was de storm bezig geweest om een extra laag sneeuw aan te voeren. Ze verlieten het gebouw waaruit bijna alle brandbaar materiaal was opgebruikt.

Dirk knuffelde zich gemoedelijk op zijn plaats tussen Goedle en Petra in.

'Weet er iemand wat dag we zijn. Ik moet nog kerstmis Cadeaus kopen voor allen , hebben jullie al een lijst ?'

' 28 september Dirk . Tijd om je eens te wassen.'

' Hela Rosse. Ik heb me gisteren nog in de sneeuw gerold. Jij niet hé . Bang dat je tjoeppen eraf gaan vallen van de kou . Ik heb horen vertellen dat zoiets geen kwaad kan. Je dikke Noor gebruikt die toch niet meer.'

Met een snok trok Olaf hem over de rugleuning .

'Eén van de dagen maak ik appelmoes van je verstand. Dus jij bent het die altijd komt gluren.'

'Hé zeg laat me eens los. Ik heb wel een pijntje aan mijn vinger, vuile barbaar. En wees maar zeker, jij krijgt niks voor je St Niklaas.'

Ondanks het er behoorlijk wild uitzag kon Petra haar lach niet inhouden .

'Zouden we niet beter naar Turkije rijden, daar hebben ze een hete Haman op iedere hoek van de straat. Mijn zacht pelsje zou er wel baat bij hebben.'

Ze vervolgden hun weg op het ritme dat de koelwagen kon volgen . Stevige wind deed de wagen regelmatig slippen wat de beide bestuurders behoorlijk vermoeide.

Er werd besloten dat ook de anderen om het uur zouden overnemen zodat ze iedereen wat rust konden gunnen, en een beetje meer snelheid te hebben.

' Champion ! Oké , zullen we hier de autobaan opgaan ?
We zijn ver genoeg van Brussel verwijderd. Zo te zien zijn er
hier in dagen noch jaren wagens voorbijgekomen.'

' Laat ons daar nog even bijtanken, je weet nooit wanneer we
nog een station vinden.'

'Op iedere landkaart staan die aangeduid barbaar. Maar ja als
je nooit op reis bent geweest weet je zoiets niet. Olaf let op !
Er staat een schietgraag persoon naast de pomp.'

Olaf remde de Queen , doch die schoof door het gewicht nog
meters door om juist voor de man met zijn wapen tot stilstand
te komen.

' Wedden dat die in zijn broek deed.'

Olaf opende het raam en groette de man.

' Bonjour . Alleen voltanken aub.'

De man wees met zijn wapen naar de weg .

'Ha jij verstaat geen Vlaams. Ook goed, dan doen we het zelf.
Beste man , je krijgt wel betaald.'

Ondanks het gevaarte hem imponeerde , hief hij zijn wapen
op: ' Partez : rein de plus .'

' Dat meneer, zullen wij eens nakijken.'

Plots omringt door gewapende vrouwen , wist de man dat hij
in dikke problemen zat. Vrouwen met wapens zijn amazones
en die zijn helemaal niet te vertrouwen.

Hij liet braaf zijn wapen zakken.

De mannen deden wat moest om aan brandstof te geraken.

Na instaleren hoorde de man de diesel in de tanken vloeien.

Hij telde bij zichzelf hoeveel deze slimme rovers hem
afnamen.

Dat was wel een behoorlijk bedrag volgens hem, waardoor zijn geduld snel opraakte.

'Meneer ! Met hoeveel zijn jullie? We gaan je vergoeden.'

Zonder hij het echt besefte had hij naar een Franstalige vraag geluisterd, waarop hij dan ook als naar gewoonte antwoordde.

' Avec cinq.'

Goedle richtte zich tot Dirk : ' Dirk ze zijn met vijf , ga eens kijken of dat waar is .'

' Oké chef , ik ga al.'

Met de Riot losjes in de hand ging hij zonder kloppen het station binnen.

Dirk tikte als groet tegen zijn hoofd bij het aanschouwen van de bange mensen die rond een tafel zaten.

' Madame , kom .'

Gedwee maar meer dan angstig volgde ze hem .

' Voor jullie.' Zes rantsoenen stonden klaar.' Neem maar .'

Verbaast opende de vrouw een doos, om dan op haar kinderen te roepen die even snel met de dozen verdwenen als ze gekomen waren.

' Merci monsieur. Merci.'

Terwijl de vrouw verdween dacht hij dat er ooit wel een dag van honger zou komen voor het team, zeker door hun barmachtigheid.

Hij haalde zijn schouders op en liep naar het team toe.

De stationhouder verdween na een roep van zijn vrouw.

' Hier mannen , pak een cigarrillo. Wel met verlopen datum.'

Dirk had twee doosjes meegenomen die achter de toonbank lagen.

' Dirk kom hier dat ik je kus.' Richard liep op hem toe, wat Dirk aanzette om te gaan lopen.

Een serie luide schoten deed iedereen verstijven.

Jacky kwam met haar pistool in de hand het station buiten .

' Mannen , hier weten ze niet wat er twintig kilometer verder gebeurt. Maar ze zijn niet te beroert om Brussel van onze aanwezigheid te verwittigen.'

Frank keek zijn vrouw aan : ' Heb je die mensen gedood ?'

' Frank ! Ben je gek. Alleen alles wat ik als zendapparatuur herkende , maar ook één in zijn schouder voor het heffen van zijn geweer. En als jullie daar opmerkingen over hebben.

Ik was te laat ; Brussel weet waar we zitten. De volgende die ons dwarsboomt sterf, ik ben het meer dan beu. Kunnen ze ons nu niet gerust laten , we doen toch niemand kwaad.'

' Schat daar heb je gelijk in. Maar de supermarkt die wij vervoeren is meer waard dan een kruiwagen vol met goud.'

' Laat ons maken dat we uit de buurt van al die begerige zijn, voor ik echt boos word.'

'Oké alles vol. We hebben ook nog enkele Jerrycans meegenomen die meneer verborg. Laat ons gaan.'

Met knarsende rupsbanden die over de onbetreden bevroren sneeuw gleden, vervolgden ze hun weg richting Duitsland.

Voor Dirk was dit de eerste keer dat hij dit land betrad

Ondanks dat hij wist dat het hier niet beter was dan in de andere getroffen landen , kreeg hij krampen in zijn maag.

Goedle zag het en nam zijn hand vast.

' Dirk ! Niemand van hen leeft nog. Ontspan je vriend.

De geesten van je familie zouden niets liever hebben.'

' Dank je Goedle, maar het zit in mijn bloed . Teveel echte verhalen over het superras deden mij in mijn jeugd niet goed. Hoe het kwam dat mijn grootmoeder het overleeft heeft weet ik niet, zij was de enige van mijn ganse Poolse familie. '
Weet jij uit hoeveel mensen een familie bestaat ? Een ganse familie, ik niet .'
' Kalm maar vriend, je bent hier onder bescherming van al je vrienden, kok of niet. Niemand zal je ook maar één haar in de weg leggen.'
'Dank je meisje , toch zal de eerste praatjes maker vlug bij zijn voorvaderen zijn. Dat heb ik mijn vermoorde familie beloofd. Dat is ook de reden waarom ik nooit met jullie meeging naar hier.'
' Goed zo Dirk . De meeste zijn toch te jong, zij hebben zeker ook goede redenen om hun voorouders te veroordelen.'
Ze wist dat hij zeker niet gekalmeerd was door haar woorden.
' De tijd wijst het wel uit vriend. Ik denk zelfs dat we er hier op de autobaan niet veel levenden gaan tegenkomen.'
Dirk keek rond en knikte om haar woorden te bevestigen.
' Juist. Ik moet zeggen dat hun autostrade perfect is , ook voor slenteren zoals wij doen.'
'Hoe minder er in de ijskast zit , hoe meer de truck vatbaar voor de wind gaat worden.'
Haar woorden bewezen het slingeren van de koelwagen achter hen.
Olaf die reedt draaide zich naar de inzittenden, om hen opmerkzaam te maken voor een verkeersbord
'Moet ik even halt houden voor een souvenir uit Keulen.

Of rijd ik door naar Dortmund om daar te stoppen voor een fris pintje?'

'Meneer de bestuurder ! Wil je aub zo snel dit pokkenland verlaten. Ik word niet goed van al die barbaarse teksten langs de weg kant.'

' Ik doe mijn best vriend, helaas zal je nog een dikke 700km je kots moeten binnen houden voor we de heimat verlaten. Weet je waarom ? Neen natuurlijk niet, een analfabeet weet zoiets niet.

We gaan te laag België verlaten , daar is Luxemburg al en we moeten Noordwaarts. We hadden den abortusweg moeten nemen via Antwerpen. Langs hier is het leuk met wat omweg. Toch gaan we er komen , beloofd.'

Het duurde zelfs twee dagen om Dortmund te bereiken, zo erg was het met de banen gesteld.

'God miljarden, slechts 95 km en de wereld staat stil. Hopelijk zal onze verdere tocht wat sneller verlopen.'

' Dirk zagenvent, je hebt anders wel smakelijk gevreten in alle benzine stations.'

'Ja maar, daar zaten we allen samen aan een tafel gezellig te wachten op je mislukte kookkunst.'

' Als je maag zo groot moest zijn als je verstand, hadden we nu nog veel eten over.'

Ondanks het Duits wegennet bijna perfect was ,
ondervonden ze toch meermaals dat de winter doet wat de
winter wil doen.

Op weg naar de Poolse grens waren sneeuwstormen een
regelmatige storende effect, waardoor de vlucht fel gehinderd
werd.

Richard die nu co-driver was, tikte tegen het meteo station op
het dashboard..

'Olaf schuilen man, er komt wat aan dat wij niet graag
hebben. Het is nu al - 35°C en de wind wakkert aan. 105 km/u.
en stijgend.'

'Haha joepie, we gaan een blizzard in. Dat is lang geleden.'

' Hé zotte kwakkel, niet iedereen heeft bevroren Pools bloed
in zijn lichaam . Wij Noren zijn mensen die het graag warm
hebben. Mensen zoeken aub , we moeten ons verstoppen.'

Ondanks dat de sneeuw het zicht opnieuw verhinderde,
ontwaarden ze een hele tijd later een spoorwegtunnel waar ze
even later gebruik van probeerden te maken

De koelwagen had de meeste moeite om het talud op te
geraken , wat hen verplichte om een betere oprit te zoeken.

'Een paar kilometer terug was een overgang met slagbomen.
We moeten terug , anders staan we hier straks nog.'

Goedle aanhoorde het verdict achter het stuur van de
koelwagen met een welgemeende vloek.

'Terug ! Hopelijk vriezen we dan niet in.'

Toch keerden ze terug tot de overweg om daar de rails op te
rijden.

Het spoor werd doormiddel van de schep tot op de rails vlug proper gemaakt.

Hobbelend en botsend volgde Goedle in de ijskar over de biels.

In de Queen hoorden ze haar vloeken als een Antwerpse dokwerker, dat die kloten in de Queen geen respect hadden voor tedere vrouwen.

' Petra ! Als we stoppen schiet je alle kloothummels dood , we veroveren de Queen en maken ons meester van alle lekker eten.'

Jacky begon onbedaarlijk te lachen.

'Hebben jullie dat gehoord? Rich ge staat er slecht voor man.'
Met een trilling in haar stem deed ze Goedle na.

'Weee stooopppen en schiiieeeeeten allllllen dooooood .
Die gaan geen mus raken door het bibberen.'

Ondanks dat de sfeer goed was , wisten allen dat de komende storm zeker geen lachertje zou worden De wind was te snel toegenomen. De sneeuw viel niet zacht neer, maar met stekende priemen.

Ze reden tot halfweg de tunnel, om dan verbaasd vast te stellen dat die eindigde op een muur.

' Holly Mozes wat is dit . Zo te zien is de tunnel juist tot hier gemaakt , dat lijkt me geen instorting.'

Dirk begon zacht te vloeken, om vervolgens naar een ingezakte hut te wijzen waar nog duidelijk een hakenkruis zichtbaar was.

' Brengen jullie mij nu naar een nazi nest .

Olaf lompe chauffeur, je kan eerst dat nest uitkammen voor ik een stap buiten zet. Geen angst Dirk alles is al lang verleden tijd, toffe vrienden heb je man.'

Ondanks zijn klacht konden zijn vrienden het lachen niet laten.

'Maar man toch. Ben jij de man die ooit het oor van een ijsbeer afsneed en het ook overleefd heeft.'

'Je hebt nooit geweten hoeveel ik toen van de schrik in mijn broek geplast heb. Een paard zou jaloers geweest zijn. Trouwens dat dier was al zwaar gewond door Rich.

Je hebt gelijk Rich, ik moet me niet al te dwaas opstellen anders gaat dat stuk kok lachen .

Kom op we gaan buiten eens inspecteren.'

De hut was gewoon het voorste deel van een klein uitgehakt complex. Stukken van ijzeren bedden met wat achtergelaten roestige voorwerpen was alles wat er waar te nemen was.

' Nu moesten we beschikking over het internet hebben, daar zou wel wat uitleg opstaan. Het is hier het wel minder tochtig , we kunnen ons kamp hier opslaan.'

'Doe maar, ik slaap wel in de Queen.'

Dirk liep met de dierenspotter zover mogelijk naar de uitgang.

Vandaaruit zag hij dat de storm in kracht toenam, een meter hoge sneeuwwal lag al voor de tunnelopening.

Hij liep terug waarbij hij naar nazisporen zocht.

'Jongens , het ziet er buiten niet leuk uit. De ingang is al voor de helft dicht gesneeuwd . Opmerking van een bange wezel.

De Queen staat vooraan en kan hier niet draaien , het zal straks scheppen worden want de ijskar zal er niet door geraken.'

' We zullen het later wel oplossen Dirk. Eerst vuur maken en wat eten.'

Om brandstof voor hun allesbrander te sparen begonnen ze met de hut af te breken, die verrassend uit meer balken dan planken bestond.

In het midden van de eerste kamer, werd een kampvuur gemaakt. Nadat het vuur hevig brandde werden vier balken kruiselings met hun tip in het vuur gelegd, waarboven een driepoot met een hangketel zorgde voor het kookvuur.

Frank stond als steeds aan het primitief kookvuur en deed zijn best om wat smakelijks te maken. Een beetje moe van de lange rit van vandaag, aten ze in stilte de warme maaltijd.

' Een koe voor mijn bed.' Goedle rekte zich uit om dan luid te geeuwen: 'pot vol koffie schatjes . Met een vrachtwagen de treinsporen oprijden is alleen plezant voor de films van de dikke & dunne .

Bedankt Frank , het was lekker'

Dat werd door iedereen beaamd. Slaapmatrassen met slaapzakken werden rondom het vuur gelegd, waarna allen buiten de wacht zich neerlegde.

Dirk nam de eerste wacht voor zijn rekening.

' Ik heb nochtans de spotter gaan zetten. Zie je wel dat ze allen de Nazi's nog vrezen. Lachebekken.'

'Goede morgen , als je van goed kan spreken . De storm is bijna uitgewoed, de pannenkoeken zijn zo klaar.'

Bij gebrek van een oven maakte Frank elke morgen om de nodige brood maaltijd te vervangen, pannenkoeken.

Zuchtend en nog wat tegen de zin , begonnen de slapers uit hun slaapzakken te komen.

Frank had vier nieuwe balken in het vuur gestoken zodat de temperatuur aangenaam was.

'Dames, ik heb vooraan een toiletcabine van sneeuw gemaakt. Er ligt een plank met een deken zodat je ook kunt zitten als je wil , de Franse truc is echter aangewezen.

Gooi wel wat sneeuw over je bruine beren zoals ik al voordeed. De schop staat klaar .

Neem deze emmer mee , er zit warm water in.'

Dat lieten de vrouwen zich geen tweemaal zeggen , zingend en fluiten liepen ze samen naar de sneeuw iglo toe.

'Frank ! Moest uw madam je niet aflossen ?'

' Ja zeker weten, maar ik was toch aan de uitgang aan 't sneeuwscheppen, daarom mocht ze blijven liggen.'

' Hoelang ben jij dan al bezig ?'

' Twee schiften. Jullie kunnen straks voort scheppen aan de doorgang.'

Kreten van plezier stegen op vanachter de sneeuwmuur.

' Voilà sé , de meiden zijn weeral gelukkig.'

En half uur later verschenen ze opnieuw om zich dicht tegen het vuur te zetten.

Petra stak haar duim op.

' Toch nog koud aan mijn poep , maar lekker fris gewassen.'

Goedle nam een pannenkoek met abrikozen gelei en stak haar vinger op .

' Geacht team , het wordt tijd , neen correctie . Het is tijd om een kampeerplaats te zoeken die kan voldoen aan onze sanitaire eisen. We stinken als varkens die juist in de beerput hebben gezwommen.'

Richard knikte om zijn vrouw gelijk te geven, en rook aan zijn oksels.

'Dan gaan we zodra sneeuw weg scheppen. Ze ruiken ons vooraleer men ons ziet.'

Het wegscheppen ging vlotter naarmate ze meer naar buiten vorderden. De nieuwe bijgevallen sneeuw was nog niet doorgevroren Het resultaat was de tweede dag te zien aan de lichtschijn door het oppervlak.

'Vraag. Als we nu de rest van het hout eens in de gang leggen en aansteken , zou dat niet helpen om te smelten?'

' Jacky ! Dat zal nat regenen , toch kunnen we het proberen vooraan te leggen . Misschien met één dag reserve voor ons kampvuur.'

Zonder dralen werd het plan uitgevoerd, zodat het de volgende dag kon worden aangestoken.

' Ja nog wat , kom maar.'

De koelwagen werd door Frank bestuurt , hij reed tot voor het brandend vuur .

' Stop Oké . Denk aan je banden.'

Met warmlopende motor wachtte hij rustig af. Tot het bevel zou komen kon hij toch niets anders doen .

Zwetend van het graven kwam Dirk naar de truck.

' Frank we zijn buiten. Aan de lichtschijn moet je direct rechts afzetten. Daar is het talud breed genoeg voor de ijskar . Maar ook maar juist, je zal wat werk hebben om te draaien.

Succes makker, hopelijk werkt je stormram naar wens.'

Olaf floot op zijn vingers wat luid en duidelijk klonk in de tunnel.

Frank schakelde vooruit om na enkele meters verder, opnieuw achteruit te komen. Daar waar de gegraven opening nog de wagen raakte verdoofde een schreiend lawaai hem.

Hij voelde de truck slippen, de sneeuwkettingen vonden niet zo snel grip als hij wenste., doch het enige dat hij nu kon doen was gas geven.

Vechtend tegen de sneeuw massa kraakte het voertuig in al zijn delen.

' God verdommen klote machine , ik steek je straks in brand als je niet mee werkt.'

Woedend op zijn falen schakelde hij terug vooruit waardoor de wagen het gegraven gat uitreed.

Richard kwam aangelopen om te helpen .

Frank deed teken dat hij moest wijken en schakelde achteruit.

Zo snel de koelwagen kon reed hij terug de opening in om met zware bons de ijs muur te raken.

Plotseling voelde hij dat alles instortte en gaf gas bij , met een stevige draai aan het stuur stond de wagen buiten .

' Yes, gelukt.'

Door de snelheid en korte doorbraak schoof de wagen verder dan wenselijk.

Hij voelde dat de achterwielen nergens meer opstonden en de onderkant nu alleen diende als grote schaats.

Piepend kwam Frank tot stilstand tegen een stuk rots dat wat uitstak

' Holly Mozes , ik denk dat een propere onderbroek van pas komt .'

Richard kwam de tunnel uit om hem te verwittigen dat hij muisstil moest blijven zitten

' Hé Frank , je hangt half over de ravijn. Wacht, we komen zo helpen, even wachten op instorting gevaar.'

Lachend voegde hij toe:' De Queen komt eraan, wel met haar kont achteruit.'

Zo voorzichtig mogelijk opende Frank het zijraam om direct met het weer geconfronteerd te worden. ' Yep , nog steeds koud.'

Hij hoorde dat de Queen bestuurder zeer langzaam naderde.

' Dat gaat ook niet vlot .'

' Neen makker dat kan ook niet anders . De Queen is veel brede dan jouw scharminkel , maar de aanhanger komt eerst. Moest ik kunnen bidden Frank, ik zou nu niet twijfelen.'

'Laat dat maar aan Dirk over , die ratelt toch de ganse dag zonder iemand hem verstaat.'

' Bij deze zijn al je zonden terug op aarde .

Als je leuk wil doen over je beste vriend, schakel dan je zender uit. Opletten Frank ik zie het licht al.'

Het eerst wat opviel was de sneeuw die het talud afrolde. Twee grote rupsbanden verschenen even later, waarna de aanhanger plots vrij was.

' De kar is buiten, kom maar.'
Zonder moeite volgde de rest van het geheel.
' Stop ! Nu draaien . Wees voorzichtig voor onze kok ; die wil niet uit zijn wagen komen.'
' Hahaha , eindelijk. Mijn wraak zal zoet zijn. Frank ik zie je niet , spreek makker en leidt me niet in bekoring.'
'Goed nu een beetje naar recht. Stop , STOP! Verdomde ezel je rijdt bijna mijn band lek met je track. Goed zo makker , je bent er. Oké 180° draaien nu.'
Verbaast zag hij dat Dirk op de achterbank zat te lachen .
' Paljas wie rijdt er dan ?'
' Ikke schatje . Ik ben de enige op de wereld die jou mag vermoorden. Denk ik toch .'
Ondanks Jacky's vrolijkheid stroomde het zweet van haar rug. Ze stopte zodat de mannen de koelwagen konden aanpikken. Zonder bijzondere moeite kwam die terug op de sporen staan. Frank klom uit de wagen en stond zwijmelend naast de kar.
' Dit mijn vrienden, lappen jullie mij nooit meer. Amaai gasten ik kreeg het even benauwd. Maar nu op naar Polen als de wagen nog rijdt.'

' Ik blijf erbij , dit is niets. We moeten absoluut een woonst of dergelijk vinden om ons eens deftig onderhanden te nemen.'
De twee andere vrouwen steunden Goedle volmondig.
Het stratenplan van de omgeving dat aan de muur van het klein benzinestation hing, had al heel wat van zijn kleurenpracht verloren. Toch werd het bestudeerd .

Petra nam haar hoofd vast :' Weten jullie eigenlijk hoelang we al onderweg zijn , weten jullie dan misschien ook waar we nog maar zijn ? Maar weten jullie hoelang mijn roskopje al shampoo mist.'

'Geen paniek Skatt, jullie hebben groot gelijk. We zijn inderdaad na de tunnel al drie weken aan 't rondschuiven. Maar zeg nu zelf, hoe verder van Berlin hoe minder de kwaliteit van de gastenverblijven. Zelfs in normale tijden zou ik zeer hard twijfelen om hier een kamer te huren. Misschien moeten we maar van de autostrade af om bij de buren te zoeken.

Wie denkt dat we meer comfort in de volgende stations gaan aantreffen. Het zal wel als bij ons zijn, ieder huis heeft een toilet en een bed. Laten we dus landinwaarts trekken.'

Nog een week moesten ze zoeken vooraleer een beslissing genomen werd.

Het team bekeek telkens de kandidaat woning met de verrekijker , waarna beslist werd.

Drie boerderijen waren afgewezen door de staat waarin ze zich bevonden . Er was zelfs één gezien waar licht brandde , die lieten ze wijselijk maar in de verte liggen.

Een woning die niet ver van de hoofdweg lag , zag er perfect uit.

' Oké deze ziet er goed verzorgt uit ; laten we gaan kijken.'

< Frank !> < ik luister > < blijf maar hier beneden staan. Het is te steil voor de ijskar. Als het positief is kom ik je trekken .>

< Oké , ik kijk de buurt rond >

De kleine hoeve met een schuur stond naast de weg, wat ze

goed uitkwam. Honderd meter voor het huis stopten ze om de omgeving te bestuderen.

'Mooi. Zie eens naar het dal , je kan van hier heel ver kijken. En die waterpartij achteraan annex bos . Als dat huis nu in orde is zitten we goed.'

Blij maar voorzichtig stapten ze allen gewapend uit.

' Laat ons het geheel eens doorzoeken.'

De Noren namen de hoeve als doel. De twee andere mannen betraden de schuur die zorgvuldig onderzocht werd.

Buiten twee hooibalen troffen ze niets aan.

' Bonne; we gaan de anderen helpen.'

Olaf was een veiligheidsslot dat aan een stalen balk hing aan 't doorslijpen.

Hij schoof de balk uit zijn hengsel en betrad de woning.

De batterijlampen verlichten een ruime eetplaats

De beide stal onderzoekers kwamen nog juist op tijd om de vrouwen te horen jubelen.

' Frank ! Ik weet waar wij een tijd gaan wonen. Wedden ?'

Een spekstenen tegelkachel was niet aan de meiden hun aandacht ontsnapt.

'Frank schatje , steek je hand omhoog. Zie je Frank wil hier ook blijven.' Zei Jacky

Het enthousiasme werkte aan stekelig. Heel het huis beviel iedereen.

'Maar zie hoe proper het hier is , het lijkt alsof de bewoners nog juist gekuist hebben. Zelfs geen vlokje sneeuw ligt hier binnen.'

' Jacky, die mensen bouwen anders dan wij. Alles is gebouwd

om troep buiten te houden.'

'Joehoe mannen, je moet achteraan eens naar de overdekte houtstapel kijken. We zijn op vakantie.'

' Komaan steek het vuur aan.'

' Frank , kom man we halen die strobalen dan is er vlug vuur voor de dames.'

Even later kwam Frank met een strobaal in zijn handen lachend binnen.

' Onze Pool is op zijn bakkes gevallen. Hij wou weer eens laten zien dat hij, en hij alleen op een hooizolder kon komen zonder ladder.'

Met een strobaal op zijn schouder wist Dirk bij het binnenkomen al dat Frank zijn val uitgebreid vertelt had.

' Hier schatjes, prop dat maar in de kachel, ik haal snel wat houtblokken voor jullie.'

Olaf wees op de houtblokken die al aan de kachel lagen.

'De bewoners wisten dat je zou komen, ze hebben een helpende hand toegestoken.'

' Canadezen , de bewoners moeten vandaar komen , zeker weten.'

' Jawadde de Dirk is echt compleet gaga.'

' Daar meneer Noors lawaai zegt ook wat. Olaf leer je gewijde geschiedenis eens . In Canada vragen ze in elke bos hut om hout achter te laten voor de volgende bezoeker. Maar ja , als je nog nooit buiten je dorp geweest bent , weet je zoiets niet.'

Na zorgvuldige controle wist iedereen dat de simpele badkamer eveneens door de spekstenenkachel verwarmd werd. De hot tube had een eigen kachel buiten de woning die van in de woning kon gevuld worden.

'Primitief maar luxeweel voor ons.'

'Hoe slim kan je zijn, één vuur dat alle kamers verwarmt samen met de badkamer. Hier gaan we wassen, plassen en de was doen. Spijtig zal het water van de sneeuw komen, maar daar kunnen de mannen wel voor zorgen.'

'Niet nodig' Frank die de keuken nakeek, had een koperen handpomp boven de stenen lavabo ontdekt.

'Die zal na het opgieten, vlug water geven.'

De houtkachel met zijn vier ovens stelde hem nog meer tevreden. Met zijn Njamie wisten allen het ook.

De rest van de woning was vlug verkent.

Een hoofdslaapkamer vooraan en twee opperkamers boven de kelder stemden allen gerust, alleen vonden ze nergens lakens met bedspreien.

'Niks, dan leggen we ons gerief op de matras.'

Er werd even overlegt waar Dirk zou slapen tot ze twee lage banken met een tafel in de kelder vonden.

'Prima, ik slaap hier in de woonkamer naast het vuur, die twee tuinbanken zijn samen breed genoeg voor mij'

Het toilet werd achteraan het huis gevonden.

'Zo die staat warm ingebouwd. Wel water meebrengen. Perfect.'

Olaf deed overal de luiken open, wat het huis binnenin plots groter deed lijken.

'Toch wel vreemd dat alles zo proper is, zelfs de kachels zijn uitgekuist. Misschien is dit wel een vakantie woning.'

'Oké dan zijn wij op vakantie, tot we voort moeten.'

' Sinds wanneer moeten wij nog iets ? Niemand hoeft ons nog te bevelen.'

' We hebben wel een afspraak ergens verderop. Lisakki blijft nooit jaren op dezelfde plaats wonen. Zijn dieren moeten ook eten.'

' Zou die nog denken dat wij denken dat hij nog aan ons denkt . Denken jullie dat ook ? Misschien is hij van gedachten veranderd , we zijn tenslotte al een dag of drie onderweg naar hem .'

De tegelkachel was zijn faam waardig, op korte tijd was het overal aangenaam warm , waarop de warme kledij uit kon.

De vrouwen gingen om beurt baden, wat uitliep tot middernacht.

'Ik peis , dat deze man Olaf genaamd , tegen volgende maand ook eens in bad kan.'

Petra bracht rode nylon wegwerppakken binnen.

' Uitkleden . Hier trek deze maar aan.'

Het badwater waarin hun kledij gewassen werd veranderde in een zwarte brij. Klachten werden gewoon verworpen met de dreiging dat de zageman maar in zijn vuile troep moest voort leven.

'En kom niet klagen, want strijken kunnen we niet.'

Ondanks dat alles voor hen heel primitief moest gebeuren waren ze toch zeer tevreden met de woning, wat na enkele dagen resulteerde in een normale gang van zaken.

Ze kregen zelfs de tijd om wat te ontspannen.

Rantsoen dozen waren binnengebracht, zodat er niet steeds naar buiten gegaan moest worden.

Dirk zat met zijn voeten tegen de kachel een stuk hout te bewerken.

' Nu peis ik dat we hier tot de zomer kunnen verblijven. Wat denk jij Frank ? Het kan toch niet blijven winteren , kijk maar buiten naar het zonnig landschap.'

' Zit al die wijsheid in dat stuk hout ? Het vriest nog steeds '.

'Bakker ! Dit stuk hout, gaat mijn totem worden. Ginder in het lappenland maak ik dit uit één boom , de grootste die ik vind. Zodat alle volgende eeuwen de mensen weten dat ik Dirk Gielasz daar woonde, troonde en voor alle welvaart zorgde.'

' Heb je nog andere wensen edelachtbare idioot?'

' Waarde toekomstige onderdaan, heb je ooit nagedacht over mijn erfenis die mij als Pool toekomt. Waarschijnlijk kan ik voor President of zelfs voor Paus kiezen.'

Frank nam het stuk hout uit zijn handen , bekeek het langs alle kanten , om het dan in de kachel te werpen.

'Volgens mij is nu je gat verbrand. Kom maar mee houthakker, we gaan hout binnenhalen.'

Lachend liepen beide vrienden naar de houtstapel.

Richard keek hen lachend na: 'Waar die twee altijd die gekheid vandaan halen mag Joost weten.'

' Gelukkig voor ons schatje, ze houden ons weg van diepe putten en miserie. Hopelijk houden zij het ook zo vol.'

'Goede morgen Goedle , waar is Rich ?'

'Die heeft sneeuwschoenen aangedaan Olaf , hij ging even rond wandelen. Zoeken naar vers vlees zei hij.'

' Prima, als er ene dat kan is hij het wel. Alhoewel ik betwijfel dat hier iets leeft bij deze temperatuur.'

'Rich zegt dat overal dieren leven, je moet alleen goed opletten. De lokale verdwijnen misschien, die plaats wordt door volhouders ingenomen.'

Richard liep naar het water waar hij voorzichtig de oever bestudeerde . Hier en daar trok hij gewas uit de grond om er aan te ruiken. Tevreden liep hij verder tot op het punt dat de grote vijver in een meer veranderde .

' Zo dat is prima . Hier zit volop vis.'

Hij sloeg met zijn bijl op het ijs, en luisterde naar de klank die het voortbracht , om dan zonder twijfel de tocht naar de overkant aan te vatten.

De bomen boden hem meer bescherming tegen de wind dan de ijsvlakte. Ook hier bewoog hij zich voorzichtig en waakzaam, want dieren hebben goede oren.

' Zo ! Dit is vreemd. '

Een stalen lijn die in de sneeuw verdween, stond strak gespannen aan een boom.

Hij trok eraan , waardoor de strop leeg naar boven kwam.

' Mmm , niet professioneel dat is zeker. Maar van wie, dat zal de vraag zijn.'

Hij zocht naar sporen, doch de sneeuw had alles meermaals bedekt.

Uren liep hij rond in het bos van en naar de waterkant om

zeker te zijn dan hij volgende maal zijn stroppen en fuiken op de goede plaats kon zetten.

Het begon al te schemeren bij zijn verschijnen aan het huis.

' Zo vent , wat gevonden dat ons zal smaken ?'

Hij stak zijn duim op naar Goedle , om zich dan vlug van de winterkledij te bevrijden .

' God Jumnas zijn jullie verkouden ? Hoe warm is het hier ?'

'We zijn Dirk zijn totem aan 't verbranden.

En kreten dat eruit komen , niet gewoon.'

' Wacht maar barbaren. Ooit zal Gielasz de machtige zijn toorn over jullie laten neerdalen. Wee jullie, simpele prehistorische apen. En grote barbaar! Heb je lekkere zalm bij voor je lieftallige vrienden?'

' Helaas koffie blaas , leven hier geen zalmen. Toch zal hier wel wat eten zitten. Gelukkig hebben we een ijsboor bij.

Frank hebben we wat zoetstof teveel , vissen zijn verzot op zoetigheid.'

Frank reikte hem een borrelglas aan waarin witte vloeistof zat.

< Proef eens > < Dit ruikt naar Slivovich > < Proef >

Richard dronk het borreltje in één keer leeg, om vervolgens vuurrood aan te lopen.

' Ja sorry, ik kan de hoeveelheid alcohol niet meten.

Wel lekker hé. Gemaakt van afval.'

Met schorre stem kon Richard bijna niet praten .

' Nu versta ik waarom Dirk jou een mislukte bakker noemt. Kom vul nog eens.'

Na het vallen van de avond werden alle luiken en deuren

afgesloten , waarna ze veilig en gerust rond de tafel zaten te keuvelen.

' Hela .Misschien kunnen de heren in het Nederlands praten . Wij verstaan geen Noors , of ventje heb je dingen gezien die wij niet mogen weten?'

Op hun vingers getikt door Petra veranderde het gesprek vlug in < Hoe kan dat ? >

' Oké verslag van mijn tocht. Hier zit eetbaar wild , ook vis. We moeten morgen maar wat gaan vissen., verse sprot lijkt me lekker. Het water hier achter is eigenlijk een meander van een groot meer. Het bos is een stuk landtong , niets meer.

Het meer is zeker breder dan een kilometer , misschien zelfs groter.. Ik zag aan de overkant woningen staan , sommige met steiger . Eén heeft zelfs een boothuis. Enige beweging , niet gezien. Dus beaam ik onze vakantiewoning als normaal in deze streek.

Een opmerking is wel ter plaatse. Een slecht gemonteerde boomstrop en waarschijnlijk ook een fuik in 't meer waren tekenen dat hier gejaagd is of werd . Wie weet het ?

Ik heb nergens een spoor van mensen ontdekt . Dat wil niet zeggen dat ze er niet zijn . De sneeuw dekt alles snel toe.'

' Rich neem volgende keer de warmtekijker mee, je weet nooit waar het goed voor is.'

' Goed idee Jacky, doe ik .'

De volgende dag maakten de vrienden elk een vislijn door gewoon wat haken aan een draad te monteren , een stuk hout zo groot als hun hand diende als vislijn.

Even later liepen de mannen naar het meer toe , waar ze een goede plaats uitkozen om gaten te boren.

Richard hakte vier dikke takken van een struik , ontdeed ze van alle takken en bladeren.

'Hier mannen , om het ijs gat open te houden.'

Hij keek nog even rond en besliste om in de bocht van de landtong te gaan zitten.

Zijn vrienden knikte dat het goed was , hier zouden de vissen rond het land draaien.

Olaf stond te zweten van het boren :' Een halve meter dik Waarom hebben we de motorboor niet bij ?'

' Nam teveel plaats in.; ligt nog in de koepel. Zal ik het even gaan halen ?'

Toch waren er snel vier gaten in het ijs gemaakt. Op enkele meters van elkaar gezeten, begonnen zij de lijnen te laten zakken.

' Diegene die het laatst wat vangt doet de afwas.'

Door Frank gebakken stukjes gesuikerd brood dienden als lokaas.

Lang moesten ze niet wachten op het eerste exemplaar.

Olaf had de eerste regenboog forel te pakken. Met de achterkant van zijn dolk sloeg hij die dood, sneed hem open om naar het voortplantingsorgaan te kijken.

' Vrouwtje . Hou ik de milt bij ?'

' Neen , alleen de rog van een mannetje. Gooi maar in 't gat dan komen de grotere smullers.'

Alle gevangen vissen werden leeggemaakt, de kop en staart verdwenen eveneens terug het meer in.

De gekuiste vis wasten ze nog even af, om dan in een plastieken zak te steken .

Meer dan verbaast vingen ze meer en sneller vis dan gedacht.

' Dat is bizar. Het lijkt of iemand ze er aanhangt. Is dat normaal ?'

' Ik denk het wel Dirk . Die vissen moeten eten , ik denk dat er weinig vers groen groeit onder de sneeuwlaag. Vissen ruiken ook heel goed, ze horen ons ook de afval terug kappen , dat vinden ze ontzettend lekker. Want vissen eten vissen.

De grootste zijn dus waarschijnlijk roofvissen.'

Goedle die in de koelwagen bezig was om de pakken te tellen hoorde verbaast dat de vrienden al terug kwamen.

Ook de andere stonden later naar de prooi te kijken die uitgespreid op de keukentafel lag.

De geur van verse vis deed hen al watertanden.

' Die gaan we niet laten rot worden. Stook de kachel maar op, ik pak mijn pannen al.'

Onder de maaltijd werd geen woord gesproken, iedereen genoot van het vers voedsel dat zij al zolang gemist hadden.

Petra likte haar vingers af :' Jongens dit was subliem.

Nu een echt aardappel in plaats van die puree uit dozen zou niet slecht zijn.'

Goedle stak haar hand op .

'Ik heb vandaag de inventaris opgemaakt van de overschot

in beide wagens. Die is teleurstellend laag.'

Ze zette een plastieken tube op tafel.

'Dit zijn onze laatste vitaminen D, niet erg als de zon schijnt. Erger is het gesteld met het toiletpapier. Het laatste pak ,'t is te zeggen nog 24 rollen staan ter beschikking van ons achterste, daarna gaan we de prehistorie in met handje vagen en afspoelen .'

Voor de meesten onder hen was dit geen wereldnieuws , zoiets hadden ze meer dan één keer meegemaakt.

'De rantsoenen, daar zullen we met moeten oppassen als we tot bij onze vriend willen geraken. Nog niet rampzalig , maar zwaar bedreigend weinig.'

' Misschien moeten we zo vlug mogelijk wild en vis vangen.'

Dirk wees naar alle visgraten die nu op een houten schotel lagen.

'Als we vis konden roken zou dit ons heel wat helpen. Helaas heb ik hier nog geen rook vat gezien .'

'Dat is omdat je zo scheel ziet als een schelvis. Maar dude van een vriend , het is een formidabel idee.

Jullie gaan vissen en jagen , Ikke je dikke grote vriend zorgt voor het roken.

Dames moeten jullie nog wassen ? Anders wil ik jullie hot tube kachel gebruiken. Kom op, de tijd dringt.'

Dagen achter elkaar gingen ze met drie vissen waarbij het leek alsof zij de hoorn des overvloed hadden gevonden

Massa 's vissen verdwenen in de rookkachel. De ganse woning begon een rookgeur aan te nemen.

< Frank > < Zeg het eens Rich > < Wat moet ik gaan bejagen ? Welk wild is perfect voor ons ? > < Alles Rich >

'We zullen wel moet improviseren om er een aparte smaak aan te geven. Ik beschik niet over de nodige kruiden om verschillende aroma's te maken . Het zal allemaal een beetje dezelfde smaak hebben.'

' Biltong Frank , dat blijft lang goed. Je kan er alle vlees voor gebruiken.'

' Oké makker, breng maar aan.'

Op zoek naar groter wild dan een haas of een konijn, verplaatsten Olaf zich samen met Richard op ski's steeds verder weg van de woning.

Meermaals werden de verrekijkers boven gehaald om de omgeving af te speuren.

Beneden in een klein dal trok Olaf met een zacht gefluit de aandacht van Richard.

'' Ski sporen , we zijn hier niet alleen. En als we nog moesten twijfelen, daar ligt nog wat slacht afval.'

Richard keurde het bevroren afval om dan naar oude sporen te zoeken.

' Een hert , het kwam van achter ons. Laat ons omkeren en ginder gaan zoeken, misschien was het niet alleen.'

Met Richard als ervaren jaren op kop , klommen ze de heuvel

terug op om boven gekomen de omgeving te verkennen.

'Het komt kwam van ginder. Zie je het ? Het heeft aan de bomen geknaagd.'

' Met een grommende maag ben je niet altijd voorzichtig. Laten we straks naar het volgend dal gaan, nu wordt het tijd voor een hapje.'

' Straks Olaf, die dieren wachten niet op ons. Ik stel voor om ginder boven halt te houden, dan hebben we zicht op twee valleien .'

Ondanks dat Olaf honger had door de zware skitocht , stemde hij toe.

De meest droge takken die ze vonden werden voor het ontsteken van een kampvuur gebruikt, waarna dikker sprokkelhout het vuur deed oplaaien.

Op hun rugzak gezeten konden ze zo rustig de omgeving bekijken

Een oude pels lag over de benen, om die na al de inspanningen warm te houden.

'Wat een beetje warmte toch doet, ik denk dat zonder vuur de mens nog heel primitief zou leven.'

Een gerookte vis met een pannenkoek, deed dienst als noodvoeding die bij beiden met evenveel smaak verorbert werd als het beste maal ooit.

Richard tikte tegen Olaf : ' Bezoek. Ik zag twee man naderen . Ze zijn nu achter de eerste helling verdwenen. Wat doen we?'

'Ik stel voor dat wij als goede buren hen vriendelijk ontvangen. Wel met je wapen vuur klaar .'

Ze spanden de pistolen op, om ze dan onder de pels te

verstoppen.

' Kijk daar zijn ze . Ze trekken een slee voort. Ze hebben ons gezien, de rechtse heeft zijn geweer van zijn rug naar zijn schouder gehangen. Dat zal de beste schutter zijn.'

Olaf stak zijn vrij hand op en wenkte hen toe.

' Olaf maat , ze betrouwen het niet. Ze naderen, maar steeds met beschutting tussen ons in. Ze trekken met twee een slee maar lopen op het moeilijkste terrein.'

'Jagers ogen zien precies toch meer dan die van een bomenkapper . Ik let op.'

Nu en dan verdwenen de aankomende achter struiken of dennenbomen.

Richard schoof wat achteruit zodat een spar het zicht op hem voor de vreemden verstoorde.

Zonder omdraaien nam hij zijn geweer, ontdeed de lens van de beschermdoppen en maakte het wapen vuur klaar.

Olaf zette zich recht om wat lager te gaan liggen.

De inslag kwam gelijk met de knal.

Een kogel doorboorde zijn bil, zodat hij achteruit viel.

Een tweede schot raakte de spar waardoor er splinters in het gelaat van Richard vlogen. Het grootste stuk sneed een stuk van zijn oor af.

Vloekend voelde hij aan zijn oor, waar het bloed al begon te stromen. Met sneeuw probeerde hij het te stelpen, doch Olaf zijn gevloek deed hem opkijken.

Eén van beide aanvallers kwam met zijn automatisch wapen door de sneeuw aangelopen.

Olaf bleef vloekend half begraven in de sneeuw wachten op

zijn belager. De man richtte zijn wapen op hem , volgens Olaf een seconde te laat .

Die schoot zijn lader helemaal leeg in de onvoorzichtige man , die door de inslagen rond zijn as draaide en neerstortte..

Richard hoorde de andere een kreet en naam roepen.

Met een hoofd dat bonkte van de hoofdpijn loerde hij door de geweerlens. In de hoop dat de andere jager ook onvoorzichtig zou worden, liet hij het bloed maar stromen.

Heel even zag hij de man zich wat verzetten , te laat om doel te raken schoot hij niet. Door de nieuwe plaats wist hij dat Olaf zijn doelwit was.

' Olaf schuif wat achteruit , hij zoekt je.'

Een gekreun gevolgd door Noorse vloeken was het bewijs dat zijn vriend zich met helse pijn toch verlegde .

De schutter trapte erin, waardoor hij een deel van zijn schedel verloor door de kogel van Richard.

' Klootzak ik maak je af.'

Richard stormde met zijn pistool in de hand naar de jager om woedend nog tweemaal in de dode zijn hoofd te vuren.

Razend trapte hij nog in het kruis van het lijk.

' Voilà rotzak , kinderen zal je ook nooit meer maken .'

' Hé berserker ! Zou je me beter niet komen helpen in plaats van ruzie met de buren te maken .'

Olaf trachtte een tourniquet aan te leggen, wat niet echt gelukte door zijn lig houding.

Half bewusteloos merkte hij dat Richard zijn broek opensneed.

' Hé het vriest nog . Pak Ella's doos.'

' Los er door . Je hebt twee hollekes bij. Gelukkig stond je juist recht, anders had je een gat in je lijf waar het je niet zou bevallen.'

Richard haalde het noodpakket uit zijn rugzak , waaruit hij een injectie met morfine nam . Na de inspuiting strooide hij wondpoeder op de beide gaten om met een drukverband de wonde te bedekte .

' Ziezo komediant, je kan stoppen met jammeren. Trouwens knap schot van je , vijf keer raak.'

' Je oor is een stuk kwijt . Vanaf nu heet jij Richard Van Gogh. Kom dat ik er pleister op plak.'

Vakkundig verbonden zaten beide vrienden aan het vuur bij te komen van het geweld dat hun wereld was binnengedrongen. Door de morfine drong die wereld niet echt door bij Olaf.

' Olaf kan je stappen ? We moeten naar huis vriend, het wordt donker.'

' Zal niet gaan , mijn been wil niet meer gehoorzamen.'

' Oké ik zal de slee zoeken. We moeten hier weg, willen of niet. We weten niet of er meerderen zijn '.

Wat later zag Olaf Richard terugkomen met de slee.

' Olaf ze hebben een everzwijn geschoten , een grote beer. Ook nog twee konijnen gestropt. Maar de leukste verassing zijn onze overvallers zelf . Die dragen leger uniformen.'

' Richard laat me hier maar bij het vuur , ga hulp halen . Je kan nooit mij en hun buit naar huis toeslepen, dat everzwijn is te zwaar.'

' Zei hij die alle dagen veel te veel vreet. Je kan de pot op Olaf , ik sleep jullie naar huis ,'t is hier steeds bergaf.'

' Rich probeer het alarmsignaal , de wind staat goed en gooi verdorie meer hout op het vuur , ik bevries.'

Moedig maar wankelend door de stekende hoofdpijn zocht Richard naar meer brandhout.

Hij zag dat zijn eeuwen oude teammaat er niet echt goed uitzag door het bloedverlies.

'Zo beter kleinkind ? Straks steek ik het bos in brand voor je bibberkont.'

' Goed idee makker, samen met de alarmschoten zal dit voor onze vrienden wel duidelijk zijn.'

Richard nam de wapens van hun vijanden om een serie S.O.S schoten te lossen , hopend dat men thuis het verdacht vond dat beiden zolang wegbleven, zeker nu het donker werd.

' Wat denk je vriend , steek ik het woud in brand. We moeten hier toch opkrassen. Teveel gevaar bedreigt ons.'

' Makker doe maar, al moest je de hele buurt afbranden.'

Dirk die samen met Jacky terugkwam van het vissen, waren de eerste die de doffe schoten hoorden.

'Jacky heb je dat nu ook gehoord , of ben ik zot aan 't worden? Luister , opnieuw een S.O.S.'

' Verdorie Dirk, ze hebben problemen. Kom we moeten de anderen inlichten.'

Geen twee minuten later stonden allen te luisteren naar de knallen.

' Het komt van ginder. Frank waar zijn de skiscooter batterijen? Instaleer ze aub, ik rij naar ginder .'

'Ik ook 'zei Petra:' Geen tegenspraak, het zijn onze mannen.'

De vrouwen controleerden hun wapens , die ze vervolgens in de wapenzak van de scooter staken.

Een roze gloed trok de aandacht van beide vrouwen.

' Petra ! Ginder brandt wat . Luister de knallen komen ook van ginder .'

Richard stond naar de vuurhaard te kijken , die door de wind zich sneller uitbreide dan verwacht.

Hij had een spar aangestoken , nu branden de omgevende ook als een toorts.

' De laatste S.O.S Olaf , hun kogels zijn op.'

Richard sloeg de geweren kapot tegen een boom , en wierp ze in het vuur.

' Rich ! Ik moet eerlijk bekennen dat jij echt geen maatschaal kent. Het is hier meer dan warm . Smijt mij maar op dat wild varken, en duw me de helling af.'

' Nooit echt tevreden , dat ben jij. Ik begrijp niet dat Petra nog bij jou is.'

' Geld vriend is het toverwoord. Ze mag alle maanden een ijsje gaan eten bij Nonkel Fie. Maar duw me nu maar bergaf voor mijn prachtig kapsel verbrand.'

Richard moest zelfs de slee afremmen, zo snel schoof het zwaar beladen ding de helling af.

Met een knal stopte de slee tegen een boom.

' Verdomme kloten chauffeur, hier staan wel bomen.

Ha ja natuurlijk, met één oor kan je geen bril opzetten. Blinde zot.'

' Wil ik eens zoals vroeger in je billetjes knijpen.

Olaf ze komen , ik zag licht bewegen..'

' Hopelijk is dat niet van tegen die boom te knallen.'

Richard begaf zich naar een struik, om die in brand te steken.

' Hoor! Daar komt mijn vrouwtje haar hulpeloze man uit de prut halen.'

De nieuw aangestoken struik was voldoende om beide vrouwen naar hen te leiden.

Angstig bekeken de vrouwen hun eega, die er wat onwel uitzagen maar zeker niet dodelijk gekwetst waren. Met een zucht van verlichting en verstopte tranen, duwde Petra tegen de schouder van haar man.

' Olaf moest je nu niet met een everzwijn zijn thuis gekomen zou ik denken dat je bij de hoeren zat.'

' Skatt die zijn hier niet te betalen. Dank je wel meisje dat je mij kwam zoeken , want van die barbaar moet je niet veel goeds verwachten.'

Met ingehouden emoties reden ze naar huis toe. De slee met Olaf werd door Petra's scooter getrokken.

Langzaam verlieten ze het golvend terrein om beneden bij de hoeve aan te komen.

Zonder worden werden ze binnen geloosd, waar Jacky de eetkamertafel al ontruimt had, de operatiekoffer stond al klaar. Olaf kwam als eerste op de tafel te liggen . Na het verwijderen van het noodverband , stak zij haar duim op.

' Prima werk Rich. Je verdient een nieuw oor. Hij zal er geen nadeel van ondervinden.'

' Hela , ben jij dokter? Ik Olaf de enige nazaat van Hägar de verschrikkelijke denkt daar anders over.

Ik zal voortaan vertroeteld moeten worden. '

Petra die naast hem zat gaf hem een klap tegen zijn oren.

' Als jij de nakomer van die dwaas bent, ga ik een andere knappe hete vent zoeken.'

' De volgende. '

Terwijl Jacky de splinters uit Richard zijn gelaat verwijderde , vertelde hij hen wat er was gebeurt, met nadruk dat het waarschijnlijk militairen waren.

' Rich zie jij uit je linkeroog?'

' Wazig . Zeg nu niet dat het zo blijft.'

' Dat vriend weet ik niet. Ik ben geen oogarts. Helaas zit er een klein stuk hout in je oogbal.'

'Verwijder het , ik geef je toestemming.'

'Rich ik kan je blind maken. Dan is wazig altijd beter dan donker.'

' Dank je Jacky. Oké ik zal zien wat het wordt, laat voorlopig maar.'

' Ventje ! Ben je nu met die splinter aan 't lachen ? Ik zal zien ! Wat een idiote gedachte.'

' Hoe staat het met mijn oor?'

' Lelijk . Je hebt een lelijk oor , als je er mooi wil uitzien moet er een stuk af.'

'Goed, ik vertrouw jouw vrouwelijke kant , die slechts van mooie dingen houdt . Doe maar.'

Aangeslagen door dat verslag nam Dirk zijn riotgun om de lading na te kijken.

'Maar dat zal niet lukken , niet zoals in Zuid-Amerika. Neen deze keer niet. Vanaf nu draag ik steeds een wapen.'

' Je valt in herhaling. Maar toch het beste idee ooit van je.'

'Laten we niet te snel wezen met angst voorspellingen, misschien waren zij alleen.'

' We hebben skisporen gezien, maar zij droegen moderne sneeuwschoenen, geen rieten.'

Frank wees de kachel aan: ' De laatste vis hangt te drogen , dus stel ik voor indien het nodig is, om morgen de pijp aan Maarten te geven.'

Goedle die haar warme kledij al uitgedaan had, trok die terug aan.

'We kunnen nu al de ijskar leegmaken naar de aanhanger van de Queen. Er zit niet veel meer in , zodat we slecht één vracht overhouden Moeten we vluchten, dan laten we desnoods de ijskar achter.'

' Met alle vissen erin ?'

' Ja en ook met het everzwijn dat ik nu ga versnijden. Komaan helpen, dan is het snel gebeurt. Laat de ijskast deuren maar openstaan, dan koelt de frigo vanzelf .'

' Hé Pipo! Heb jij wel eens opgemerkt dat hier ongelooflijk veel kraaien met hun vrienden rondvliegen. Die lusten wel dingen van ons, zelfs ongevraagd.'

' Juist Pipo, alleen s' nachts niet. Die zijn bang van het donker. Maak dus maar dat je gaat helpen overladen.'

Met het eerste daglicht waren ze allen klaar om de nieuwe situatie te ondergaan.

Dirk droeg zijn volledige wapenuitrusting bij het plaatsen van de spotter.

Hij deed teken naar het huis dat het werkte.

Jacky knikte dat ze het gezien had.

' Oké dan zijn we een beetje beschermd langs die kant. Laat ons hopen dat het vals alarm is . Frank ! Ik zou tot na de zomer hier kunnen blijven luieren.'

' Wij allemaal Jacky , wij allemaal. Toch zullen we eerstdaags moeten opbreken als we de rendieren willen zien.'

Een schot klonk hard in de stilte van de morgen .

Eén van de spotterstaanders vloog met een harde slag de lucht in , een tweede kogel vernietigde de andere.

Dirk sprintte zo snel als mogelijk naar het huis , achtervolgt door inslagen die steeds op een halve meter achter hem bleven, kwam hij buiten adem binnengestormd.

Een meerstemmig gelach van buiten volgde.

' Dirk dat was een waarschuwing. Hebben jullie het gehoord? Daar klonk een zwaar snelvuurwapen.'

Binnen in het huis greep iedereen naar zijn wapen .

Jacky nam haar aluminium koffer , waaruit ze de warmtekijker samen de elektronische telelens nam , die ze voorzichtig op haar geweer schroefde .

Na een zachte klink wist ze dat het geheel vuur klaar was.

Met een reeks schoten van de aanvallers werden alle raamluiken doorboord. Houtsplinters gemengd met glas van de dubbele beglazing vloog de kamers rond.

' Daar zit meer dan één kieken te vuren. Gelukkig is de ijskar niet beschadigd'.

' Hoe weet jij dat Olaf ? Kan je door de muren kijken ?'

' Neen , maar de deur is niet beschadigd . Dus peis ik dat ze het vervoer niet beschadigden voor eigen gebruik.'

' Hahaha dom , ik kan ze zien staan door de gaten. Wacht maar domme kloten.'

Jacky ging met de warmtekijker op haar hoofd overal kijken en knikte tevreden.

' Slechts drie . Rechts van de schuur. Wie vuurt mee? We nemen het grote slaapkamerraam, dan kunnen ze niet veilig weg .'

'Toch plezant als je een vrouw hebt die soldaatje heeft gespeelt in Afghanistan.'

' Ja Frank , maar ik had nooit gedacht nog eens mensen te moeten doden . Ik stel voor de we de riotguns gebruiken , ik hou mijn sniper om eventuele gelukkige af te maken.'

' Oké Jacky vertel ons je plan.'

'Twee aan de deur als afleiding, drie schutters aan het raam.'

Iemand opent het raam, wel veilig gebukt met een stok.

Dan is het nog slechts zoals op de sinksenfoor , prijs schieten .

Hier kijk eerst eens buiten, dan moet je hun stelling niet zoeken.'

Ze gaf hen de kijker. Eén voor één bestudeerden ze de omgeving.

' Wel een rare leger discipline hier , die staan gewoon open en bloot . Pas op er heft er ene zijn wapen op.'

Een reeks kogel inslagen was het gevolg , waarna iemand

begon te roepen.

' Goedle versta jij die ?'

'Moeilijk , die heeft een zwaar accent. Waarschijnlijk ook niet echt een Duitser.'

Ze begon naar de man te roepen dat hij trager moest praten.

' Zo hij wenst de moordenaar van zijn beide kameraden , de rest mag vertrekken. We hebben tien minuten. Ter inlichting er komt versterking aan.'

'Goedle blijven praten , leidt hen af . Kom naar het raam.'

Petra zat met een keerborstel neergehurkt onder het raam. Jacky stond tussen Richard en Olaf in, met de wapens vuur klaar.

' Goedle klaar , begin maar met ze te beledigen.

Goed zo het werkt . Dirk stamp de deur open. Petra duwen.'

Door de gecombineerde acties waren de aanvallers even uit het lood geslagen. Lang genoeg om de eerste lading uit de riotguns te ontvangen.

Dirk die plat op zijn buik onder de koelwagen kon kijken, zag dat de drie nog een extra lading lood te verduren kregen .

Hij sprong recht om naar de gevallen toe te lopen.

' Dirk zot, pas op ! Er zijn er misschien meer.'

Doch geen schot klonk op . Hij zag wel dat er aan het raam nu vier wapens naar buiten staken. Petra had zo snel mogelijk haar geweer genomen om deel te nemen aan het doden.

' Stop maar, hier ligt genoeg vlees voor de raven .'

Dirk begon met systematisch de kledij van de aanvallers na te kijken. Geen legerzakboek noch iets dat aanduidde dat deze mannen soldaten waren werd gevonden.

Hij kuiste zijn bebloede handen af met sneeuw.

' Niks . Zelfs geen kenteken op het uniform , wel veel kogel gaten. Jullie hebben je precies wel eens laten gaan.'

De wapens nam Frank mee, samen met de gevonden munitie was dat een serieuze buit.

Goedle stond in het deurgat naar de andere kant te kijken.

Ze wachtte tot Frank tot bij haar was.

' Dat is dan ook opgelost. Frank kan je dit snel herstellen?'

' Laat maar, het brengt toch niet veel luxe op .'

Uit drie gaten in de brandstoftank van de koelauto stroomde de Diesel de wereld in.

' Jongens inpakken, ginder komt wat aangereden.'

Aan de andere kant van de vallei was een bewegend vlekje te zien.

Jacky bekeek het bewegend ding door de telelens , ze mat zo de afstand.

' Een legervrachtwagen op banden, geschatte afstand niet te meten , dus verder dan drie kilomaters maar slippend.'

Dirk was de Queen al aan't starten , terwijl Petra enkele dozen met gedroogde vis in de aanhanger zette.

' Sorry schatjes , ons bakje is vol. Gooi de rest maar weg.'

' Niks van, er kan op elke bank middenin nog een doos staan. Aan dat everzwijn heb ik teveel werk gehad.'

Frank wierp op iedere zitbank een volle rantsoendoos.

' Voilà goed voor het milieu, herbruikbaar en hermetisch dicht , we eten dat everzwijn eerst op. Niks verspillen .'

' Dirk ! Gooi de rest maar op het vuur. We laten geen kruimel achter voor de anderen.'

De koelwagen was snel leeg. Dirk smeet de overgebleven vis gewoon op de lekkende dieselbrandstof.

' Oké, rij de Queen uit de gevaren zone . Het gaat hier naar verbrande vis ruiken.'

Brandende sintels van het kookvuur wierp hij op de stapel vis die daardoor langzaam begon te branden.

Steeds sneller vond het vuur de weggelopen brandstof waardoor alles fel begon te branden.

Goedle leunde tegen de deur van het huis. Met een zucht liep ze naar de Queen toe. Met het laatste stuk uitrusting van hen in haar handen , draaide ze zich nog even naar het huis om dan op haar normale plaats te gaan zitten.

Een stem vanachter het huis deed haar opzij kijken.

' Even wachten aub. Ik krijg direct een stopkans. De wagen komt recht op mij toe.'

Ze zag dat Jacky aan het zijraam van de woning stond, vanwaar zij door de telelens de toegangsweg bewaakte.

Een schot knalde luid in de toch stille buurt, gevolgd door nog twee knallen.

' Hebbes , die zullen moeten lopen.'

Alsof er niets gebeurt was, kwam ze naar de Queen gewandeld.

' Heerlijk zeg , zo eens op iets nuttig schieten. Dat ding rijdt voor geen meter meer, ik zag de motor ontploffen.

Rijden Dirk, weg van het luilekkerland. Pot vol koffie toch .'

'Kan nog niet . Kapitein één oog is de scooters gaan bewerken tot schroot.'

Richard kwam rustig aangewandeld terwijl achter hem al rook

uit de garage kwam. Hij stak de brandweerbijl op zijn plaats.

'Zo, ben ik de laatste ? Oké makker rijden maar.'

Verlost van de koelwagen kon Dirk rijden waar hij wou .

De helling af tot op de autobaan was echt geen uitdaging voor het monster.

Met een zachte bons kwam het geheel op de snelweg terecht.

'Zo schatjes van patatjes. Op naar het onbekende. Hé niet zuchten, jullie hebben de tijd gekregen om je zeker proper te wassen.'

Hij liftte de sneeuwschep een halve meter van de grond.

'Hopelijk hebben we die niet te dikwijls meer nodig, toch niet om een weg voor de ijskar te maken.'

' Dirk vertrek , er komen boze mensen aangelopen .'

' Goed ik stel de Queen in op 40 km / u . Ik ben wel gelukkig nu we allen weer te samen zitten .'

Richard keek achteruit naar waar de belagers waren blijven stilstaan, sommige staken hun vuist op.

' Goed jongens, wees gelukkig dat je nog leeft. Als we nu sneeuw of dooi krijgen verdwijnt ook ons track spoor voor hen.'

Duidelijk was het spoor van de rupsbanden in de sneeuw te volgen.

'We zullen er straks allemaal op plassen dan verdwijnt het wel.'

Met een zacht gelach van het team was het tijd om verder richting Polen te rijden.

Ondanks ze verlost waren van de koelwagen , ging het met hun snelheid toch nog kalm aan.

Ze reden na enkele dagen een ander soort landschap binnen.

De heuvelruggen veranderde naar een zacht glooiende vlakte, waar de overvloed van sparren verdween voor meerdere soorten bomen.

Door de eentonige dagen verwisselden ze regelmatig van bestuurder.

Goedle remde de Queen zacht tot stilstand.

'Oh kijk nu eens ! Is dat geen arrenslee ?'

' Ja . Ook een lekker doel voor wolven en kraaien zo te zien. Stop eens langsheen dat ding.'

De aaseters gingen op een draf lopen, van het lawaaierig ding dat er aankwam.

'Een rendier. Waar is nummer twee gebleven ? Zien jullie iets ? Die toom is voor een dubbel paar trekkers.'

Petra stapte uit om voorzichtig de slee te naderen. Ze trok de aangevreten pels weg om in een lege slee te kijken.

'Leeg. Er liggen alleen lege geweercartouches in.'

< Wie pakt het stuur over > < Ik > < Dank je Petra >.

Dirk was in een landkaartenboek aan 't kijken.

' Weet er iemand waar we ongeveer zijn?'

'Ik las gisteren Valga, dat was linksweg. Volgens het kompas rijden we nog steeds de goede richting uit .'

Dirk begon ijverig te zoeken in het atlas boek van Europa.

' Valga . Valga zei je toch ? Hier begint alles met een V.

Ah hier gevonden . We zitten zowat in Estland.'

' Mogen wij weten waarom je plots wil weten waar we rijden.

' Ik wou jullie vragen of we niet eens een grote stad konden aandoen , gewoon om een technische reden.'
De glimlach die hij probeerde te verstoppen verwittigde hen allen dat weer nonsens zou zijn.
Richard richtte zich op : ' Eigenlijk is dat een goed idee , dan kan ik langs een hospitaal voor mijn oog. Die staat op springen.'
' Wat !' Goedle keek hem woedend aan;' En dat zeg je nu , na al die tijd. Ben je gek geworden Rich . Stoppen Petra.
Jacky wil je aub die zot eens nakijken.'
Die schrok bij het verwijderen van zijn ooglap.
Bloederige tranen druppelden uit zijn oog .
'Petra zoek een stad , en snel of hij kan links niet meer door het sleutelgat loeren. Rich je bent een dwaas , zeg dat ik het gezegd heeft. Hoe komt dat nu , je kreeg toch alle dagen een nieuw verband.'
' Jeuk . Mijn oog jeukte zo hard dat ik te hard drukte.
Te laat Jacky, ik voelde mijn oogbal knakken. Haal het er maar uit .'
De stilte was gewoon hoorbaar, zelfs geen zucht stoorde de stilte.
' Oké . Petra rij de eerste schuilplaats op die je ziet , desnoods verjagen we de aanwezigen .
Een klein uur later stonden ze op een marktplein van een klein dorp.
' Geen levende ziel te zien, draag hem naar het kerkje.
Frank vuur en heet water. Breng een draagberrie. De rest bewaakt.'

Zonder klagen deden ze allen wat Jacky commandeerde.
Frank ontstak de allesbrander op vol vermogen, een walm
vieze rook ging het eerst de lucht in.
< Dat stinkt makker.> < Zo gedaan Rich >
Frank zette een emmer met sneeuw op het vuur , Jacky knikte
hem toe.
'Frank we moeten twee banken naast elkaar zetten met daar
de berrie op . Hij moet hoog genoeg staan dat ik kan opereren.'
Terwijl ze de voorbereiding deden hoorden ze Richard
zachtjes zingen.
' Amaai gij zijt nog vrolijk. Wat zing je ?'
'Dat is een stokoud liedje dat mijn overgrootvader altijd zong
zei mijn moeder. Het noemde < Twee ogen zo blauw > maar
mijn super opa zong steeds < Twee ogen zo blauw , één van
mijn liefde, de andere van mijn vrouw.'>
'Kom Frank laat hem maar liggen , gekken opereren we niet.
Man waar haal je het toch vandaan?'
' Jacky ik zie je nog, dat is voldoende. Ik ga niet wenen om
deze tegenslag , haal de pijn weg en ik kom je kussen.'
Goedle stond zenuwachtig voor de kerkpoort te ijsberen.
Hoewel het haar man was die daar onderhanden werd
genomen , bleef ze toch liever buiten staan.
' Jongens , terwijl we hier toch zijn ga ik even een toilet
zoeken. Even zitten om bruine beren te maken is toch leuker
dan in de koude sneeuw.'
' Goedle ga niet alleen, neem Petra mee. Dirk en ik kunnen
dit dorp wel aan.'
Het bewijs was de in beslag genomen K 47 van de soldaten.

Olaf lette op de weg die beide vrouwen aflegden. Het betreden van verschillende huizen tot ze precies tevreden waren, stelde hem gerust.

' Dirk gok eens . Waar zijn verdorie al de bewoners naartoe.'

' Dood , wat anders. Denk jij dat iemand zich iets aantrekt van zo'n boerengat. Ze zijn zelfs misschien de mensen komen beroven.'

' Ja natuurlijk alle scenario's zijn hier van pas.'

Frank kwam uit de kerk, hij moest zich even aan de muur vasthouden.

' Hoe mijn madam zo iets kan doen zonder te kotsen . Jakkes.'

' Het moest vent , het moest.

Olaf ! Kom man, draag deze zot eens mee naar de Queen.

Operatie gelukt, geen extra moeilijkheden verwacht.

Waar zijn de meiden?'

'Hun lipjes gaan spoelen Jacky. Ze zijn daar in dat rood bruin huis verdwenen.'

Zonder dralen liep zij naar het huis toe .

Frank deed haar stem na: ' En de anderen blijven bewaken.'

Heel lang bleven de vrouwen niet weg , vrolijk kwamen ze naar het plein geslenterd.

' Hola oppassen er loopt een figuur teveel naar hier. Verdorie dat ziet er nog een kind uit.'

' Mag ik jullie onze gezamenlijke dochter voorstellen. Naam onbekend , dus Betty.

Ze verstaat ons niet en dat is wederkerig. Ze woont hier precies helemaal alleen, denken wij toch.'

Dirk bemerkte dat het meisje achteruit deinsde bij het zien van zijn wapen.

Hij hing het om zijn schouder om dan voor haar in de sneeuw neer te gaan zitten.

Zacht begon hij tegen het meisje te praten in zowat alle talen die hij beheerste, waardoor ze rustiger werd.

Betty stak haar vinger uit naar haar keel , met een draai maakte ze duidelijk dat iedereen in een andere wereld was.

Ze zei iets tegen Dirk waardoor Olaf haar met een glimlach bij de arm nam en begon te praten.

Een lach verscheen, ze nam hem bij de lende vast, met haar hoofd tegen zijn borst bleef ze staan terwijl er een massa tranen vloeide.

'Betty komt uit Lapland , ze is een Samen die gevangen werd door wat slechte mensen zegt ze. Wees niet zo verbaasd, ook Rich spreekt hun taal. Wij gingen ginder jagen, ook mee rendieren vangen en verzorgen in onze jeugd.'

' Van wat leefde ze hier Olaf ? '

Hij wachtte even op haar uitleg en knikte.

'Het is een echte Samen, die leren al heel vroeg alles over de jacht. Ik denk dat zij een goede leerling is.'

' Heren! Doe ons een genoegen en ga een bad nemen in het huis waar zij verbleef , het water is nog warm.'

' Hebben jullie op zo'n korte tijd gebaad ?'

' Yep met drie te samen in één bad . Je moet niet vragen wat je dan allemaal hoort over de partners.'

Alhoewel ze niets begreep over wat het team praatte , had Betty wel een idee.

'Maar dan wel snel, het wordt donker, dan komt de boze man zei Betty.'
' Zouden we dan beter niet wat wachten om die vent een boos antwoord te geven ?'
'Neen Dirk , we gaan . Rich moet rusten. Komaan we zijn hier weg. Ik wil weer geen oog dichtnaaien.'
Vol bewondering bezag het jong meisje de binnenkant van de Queen.
Olaf stelde haar zo goed mogelijk gerust , hier ging zij aan niets tekort hebben. Met die woorden gaf hij haar een doosje zandkoeken , die ze eerst een beetje angstig aannam maar dan toch vol overgave opat .
< Zeg Dirk > < Zo, al wakker. Zeg het eens Rich >
' Wat was jouw technisch probleem? Vertel eens, ik mag toch niet van deze berrie af.'
' Ik had graag in een grote stad even naar een dameshotel gegaan. Maar ja dat gaat nu alweer niet. We zijn er al voorbij.'
' Jawadde ! Amaai Dirk dat heb je mooi gezegd voor een bleke Pool . Waar heb jij dat geleert ?'
' Van mijn pa Frank. Die leerde mij beschaaft en eerlijk te praten.
Hij zei toen ik nog heel jong was, dat wanneer de tijd rijp was om mooie meisjes te zoenen, ik nooit enig geweld of rare streken moest uithalen . Er waren genoeg dameshotels in en rond Antwerpen waar je voor wat geld alles naar wens kon verkrijgen.'
' Prachtig . Toch ene met wat goed gedrag in zijn bloed in jouw familie. Je pa verdiend een medaille . Maar heeft hij ook

gezegd dat je per minuut langs kan komen ? Dan kom jij er wel goedkoop vanaf.'

Het duurde even voor Dirk het doorhad.

Terwijl allen in een lachbui schoten, stak hij zijn middenvinger op naar Frank.

' Wacht jij maar bleke selder. Ooit zal Dirk de geweldige over jou oordelen . De deur naar het walhalla blijft dicht voor je.'

Alsof hij zwaar gekwetst was, loerde Dirk naar buiten om dan eveneens in een gierende lach uit te barsten.

De warmte van de Queen samen met het opkomend veiligheidsgevoel, deed Betty zacht naar het dromenland verdwijnen.

Ze werd in een slaapzak op de achterste bank gelegd waar ze rustig begon te snurken.

' Hopelijk kunnen we haar thuisbrengen.'

Petra startte de wagen om het dorp te verlaten.

Juist buiten het dorp stopte ze opnieuw : ' Zeg! Zien jullie dat ook ?'

'Wat moeten wij zien skatt ? Ik zie niets bijzonder.'

' Groen. Die heuvelflank ziet groen. Hoelang is het geleden dat wij die kleur nog zagen ?'

' Ja het warmt op , de meteo hier zegt dat ook. Eindelijk.'

Bijna twee dagen aan één stuk sliep Betty. Met verwonderlijke blik keek ze rond vooraleer ze besefte dat ze in een voertuig zat.

Richard zat naast haar en streelde over haar hoofd.

' Dag slaapkop. Welkom in ons team . Ik ben Rich en hoe heet jij ?'

Een brede glimlach was zijn antwoord:' Spreekt iedereen hier mijn taal Rich. Ik heet Babty maar Betty is ook leuk.'

' Rich of Olaf vertaal eens voor ons aub. '

'Oké Betty - Babty , mogen wij je wat vragen. Als je vragen hebt zullen we indien het kan zo eerlijk mogelijk antwoorden.'

'Hebben jullie nog van die lekkere koekjes, ik heb honger.'

Ze kreeg enkele koeken met chocolade op , die ze voorzichtig aannam .

< Wat is dat bruin ? > < Chocolade . Vindt je het lekker ? >

< Nog nooit gegeten , maar mmm'>

'Betty kan je ons vertellen hoe je hier komt, zover van het Samenland. Wij beiden zullen vertalen voor de anderen.'

'De Roesh heeft onze tenten aangevallen voor de dieren. Veel doden, waaronder mijn ouders. Ze namen mij en drie vriendinnen mee naar het dorp waar je mij vond..'

' Zeg je nu dat we terug moeten voor je vriendinnen ?'

' Neen die zijn weg . Meegenomen door Bythane en Sergho. Ik moest bij Gregor blijven om voor hem te zorgen.'

'Waar is die Gregor nu?'

'Geen idee. Hij vertrok dagen geleden met de slee en zijn twee rendieren. Hopelijk hebben de bosgeesten zijn hoofd leeggegeten.'

' Hoe oud ben je Betty ? Je lijkt nog zo jong , eigenlijk te jong om zonder ouders te leven .'

' Dat weet ik niet.'

'Rich vraag haar eens of ze al menstrueert, dat kan een

aanduiding van haar leeftijd zijn .'

'Zeg! Zoiets laat je toch niet vragen door een man.'

Goedle nam haar buik vast, en deed of ze veel pijn had waarna
ze naar Betty haar buik wees .

Het meisje knikte slechts alsof ze betrapt was op iets waar niet
overgesproken werd.

Goedle knikte en stak haar duim op.

'Oppassen met handgebaren liefje, het zou wel eens een
belediging kunnen zijn.'

Goedle boog over de leuning om het meisje een zoen te geven.

' Voilà , kussen zijn internationaal. En vraag het nu.'

' Al enkele winters, nu goed piet curieus. Zijn er nog vragen?'

Dirk stak zijn hand op , wat Betty leuk vond : 'hahaha de les
hut.'

' Ja ik , wanneer gaan we eten. Het wordt donker , blijven we
in de openlucht, of rijdt er iemand een huis binnen.'

'Een benzinestation is dat oké voor jou vreetzak. Met wat
geluk kunnen we bijtanken.'

Door de routine om eerst de omgeving na te kijken , konden ze
vlot het klein station betreden.

Frank zette de mazoutverwarming in de keuken aan waardoor
het redelijk vlug warm was.

' Toch gemakkelijk zo'n mazoutkachel , zeker als de brandstof
onder je voeten ligt.'

Olaf kwam als laatste binnen en snoof de lucht op.

'Bijgetankt, we kunnen weeral snorren. Wel opvallend

weinig dode insecten hier binnen.'

' Ze hebben hier precies nog lang gewoond , zie maar naar de lege blikjes daar buiten. De bedden zijn zelfs niet ontdaan van hun bedekking.'

'Dirk ! Dan wordt deze Noor zenuwachtig. Ik loop nogmaals rond het gebouw.'

Hij kwam wat later terug het station binnen .

'Olaf Räven heeft gelijk . Daar achter de bosjes liggen twee lijken. Man en vrouw nog niet bedekt met sneeuw wel aangevreten, zo te zien omgebracht met een bijl of iets dergelijks. Opvallend detail , sporen van een rendier.'

' Betty , rijdt die Gregor soms op een rendier ?'

'Nooit gezien, hij neemt altijd de arrenslee mee voor brandhout en gevangen wild. Hij is nogal oud en lui.

Maar waarom hebben jullie interesse in dat beest .'

'We vonden onderweg een slee met een dood rendier eraan. Kan je zijn slee beschrijven ?'

' Helemaal in het rood, Gedekt met een grijze pels met daar bovenop een zwart witte koehuid. De enige versiering waren de bellen van de rendieren, in goudkleur geschilderd.'

Petra knikte :' Dat was zijn vervoer.'

Rich nam Betty haar hand vast: ' Waarom noem jij Gregor een beest. Heeft die soms geweld tegen je gebruikt ?'

' Nee Rich, doch hij sloeg steeds naar zijn vrienden met een zwaard als hij boos was, zeker als de fles wodka leeg geraakte. Daarom vertrokken zijn beide kompanen in de nacht .'

'Zaak opgelost. De mensen die hierachter liggen zijn slachtoffers van hem. Geen bijl maar een zwaard was het dodelijk wapen.'

Dirk vloekte zo hard als hij kon: ' Pot vol verbrande koffie.'
Met andere woorden , we behoeven weeral wacht te lopen.
Kunnen wij nu niet gewoon naar Lisakki rijden zonder al die
kak onderweg.'

' Lisakki ! Kennen jullie de familie Lisakki ? Dat zijn rendier
hoeders zoals mijn familie doet. Ze wonen aan de andere kant
van Lapland. Mijn pa handelt er soms mee. Een lepe kerel zegt
mijn pa , altijd oppassen voor hem..'

Ze moest even slikken om zich te verbeteren :' Sorry. 't Is
deed.'

'Betty wij zoeken zijn zomertenten. Hij is een verre vriend
van ons. Weet jij waar we moeten zoeken. Kan je ons helpen ?'
Ze trok de schouders op :'Wie weet nu waar hij woont, wij
zwerven het rendiervoedsel achterna. Misschien moet je op
Gregor wachten, die weet het. Hij heeft me daar weg genomen
met de andere Roesh.'

Ze spuwde op de grond: ' Varken .'

' En dat mag jij proper maken. Wij houden ons kot rein.'
Geschrokken keek ze rondom, angstig dat ze een zeer zware
fout had begaan.

Olaf verminderde haar angst vlug : ' Dat wil zeggen , bij ons
thuis. Maar meisje we gaan geen rondjes draaien om die man
te zoeken. We zijn al veel te lang onderweg, we willen ons
settelen.'

' Dat zal ook niet nodig zijn als ik die oude man goed ken .
Jullie spoor is heel duidelijk te volgen , hij is nogal bezitterig.
Droom maar niet te donker, hij komt als de nachtgeest jullie

hoofden leeg eet .'

'Wat een geruststelling. Er zal er dan toch ene overblijven om ons verhaal ooit tegen onze kleinkinderen te vertellen, bij Dirk valt niets te eten.'

' Vuile Belg. Als jij niet maakt dat ik in een seconde eten heb zal ik jouw oude verbrande friet pot eens leeg maken .

En makker wat schaft de pot ?'

'Rotzooi vriend, het wordt een eentonig blikjes voedsel. Helaas.'

Voor Betty was het alsof zij op een vijf sterren restaurant zat.

' Ik ga jou mijn papa noemen Frank , zo lekker , mmm.'

'Heb je dat gehoord Dirk ? De jeugd vindt mijn kookkunst excellent . Dank je wel Betty, ik kook nog alleen voor jou.'

Olaf met Richard hadden meer dan problemen om alles vlot simultaan te vertalen.

'Betty . Wil jij Engels leren ? Wij moeten jouw taal leren, dat zal heel wat makkelijker zijn voor ons.'

Ze klapte in haar handen :' Ja leuk, dat verdrijft de verveling.'

De morgen was hel verlicht door de zon. Het gele licht had hen met verbazing geslagen.

'Dank je wel grote Manitoe. Wees zo goed om het ijs te verdrijven. Wij het beste team ter wereld zullen je dan voortaan aanbidden.'

'Hé zotte Pool, jij kunt zelfs zeveren zonder dronken te zijn. Trouwens heb je gezien dat we niet meer alleen zijn?

Attila de gek zit daar op een rendier met een zwaard in zijn hand naar ons te wuiven. '

Betty kwam naast hem staan, nam Dirk bij zijn arm vast om vervolgens haar hoofd er tegen te leggen

Ze hoorden de man vloeken waardoor zij begon te lachen. Richard begon eveneens te lachen.

'Hij gaat je uitbenen, koken, verkrachten. Je dan in vettig varkensvlees wikkelen, begraven en de rest opeten.'

' Oké daar kan ik met leven . Zolang hij mijn haar maar niet overhoop gooit .'

Langzaam liep Dirk naar de ruiter toe.

'Betty vertaal even aub , niemand van ons verstaat die Roesh.'

Olaf kwam naast hem staan om Dirk zijn verzoek naar Betty te vertalen.

' Ja moeilijk gaat ook.'

'Halo vriend. We zijn hier op doorreis, neem ons niet kwalijk dat wij het mooiste meisje van de omtrek graag bij ons willen houden.'

' Papa Dirk, niet overdrijven. Ik vind mij nieuwe mama's heel knap.'

' Sorry niet verstaan. Vertaal verder.'

' Beste Gregor ga weg jonge man , wij zijn geen buit voor jou. Niet zoals de mensen die hier woonden . Ga en sterf in vrede.'

Na haar laatste woorden werd de ruiter woedend. Spoorde zijn dier aan om met opgeheven wapen naar Dirk toe te lopen.

' Amen .' Dirk trok zijn browningpistool om de man en het dier neer te schieten .

De man zag het gevaar en wierp zijn zwaard naar Dirk.

Die stapte opzij , doch niet ver genoeg . Het wapen sneed door zijn schouder.

Zonder enige aarzeling schoot Dirk zijn wapen leeg op het dier en man.

' Ziezo , onze kok kan weer vlees bakken. Hoe dom kan je zijn .'

'Dat moet je aan jezelf vragen dommerik. Kom maar mee held , je bloed als een geslacht varken.'

Jacky verbond hem vloekend maar professioneel .

'Als jullie zo macho blijven handelen, lopen jullie straks allemaal als mummies rond. Verdomme Dirk dat is dieper dan je denkt . Hopelijk blijft je arm niet stijf.'

'Welkom in de club van de witte lakens makker. Waarom moest je die nu kwaad maken ? Hij was wel bij zijn zinnen gekomen met zeven vuurwapens tegen zijn zwaard.'

' Wel Olaf , ik denk dat Betty wat meer zei dan gevraagd.'

Olaf vroeg het aan het meisje, waardoor ze begon te blozen.

Hij begon hard te lachen bij haar uitleg , en stak zijn duim op.

'Ze zei hem dat zijn piemel nog te klein was om een mug te plezieren, en dat zijn vader grotere horens droeg dan een eland.'

Door het lachen van de anderen was haar vrees om foute woorden te gebruiken voorbij.

' Papa's ! Laten we het rendier voor de wolven of eten wij het zelf op ? Ik kan helpen.'

Daar moesten ze niet lang over nadenken, enkel Frank protesteerde dat ze geen tijd hadden om een rookoven te bouwen, dat ze daarom niet veel van het dier zouden kunnen nuttigen.

'Of het moest zijn dat we hier weer weken blijven plakken.'
Betty nam Richard bij zijn hand.

< Wat zeggen ze ? > < We blijven hier niet lang genoeg om te roken > < Niet nodig , ik weet hoe we in twee , drie dagen klaar zijn .>

' Zeg je nu Rich dat zo'n jong meisje ons gaat leren om te overleven.'

' Frank die mensen leren al van jongs aan om te overleven met niets, niet zoals bij ons dat je ze tot hun zestiende naar het wc moet begeleiden. Ik vertrouw haar .'

' Goed Rich laten we luisteren.'

'Het moet omhoog , we moeten de pels verwijderen.'

'Oké . Dirk de moedige lost dat wel even op.'

Hij nam de Queen om het dier met een touw aan de schep vast te maken. Zodra het kadaver ver genoeg van de grond hing kwam hij terug .

' Zo goed meisje ?'

Ze stak haar duim op, om naar binnen te gaan waar vandaan ze terug kwam met de bedsprei en een emmer die ze met sneeuw uitkuiste.

De sprei kwam onder het dier te liggen , de emmer onder de kop . Dit allemaal onder de blikken van het team.

' Heeft er iemand een scherp mes?'

Frank ging zijn beenhouwers koffer halen , opende de doos waaruit zij een uitbeen mes na.

Frank nam een wetstaal om het mes aan te scherpen.

' Frank. Oké ' Ze stak opnieuw haar duim op.

' Dat heeft Betty toch snel begrepen. Wat leert ze snel.'

' Frank, ik heb zo het gevoel dat wij straks naar het eerste kleuterklasje verbannen worden . Haar handelingen zijn heel precies.'

Met enkele snelle halen sneed ze de pels aan alle poten door.

De volgende sneden waren rond de nek, en overlangs de buik.

'Zo zou ik het nooit doen .Toch is dit blijkbaar normaal.'

Frank bleef verbaasd kijken naar de snelheid waarmee ze het dier van zijn pels ontdeed.

' Mama's ! Wassen met sneeuw. Dan binnen drogen.'

Een naakt karkas met vier met pels beklede poten was het resultaat van nog geen uur werk.

Ze bukte zich om de ogen uit te steken. Nog warm bloed stroomde de emmer in .

' Nog een pot . Vlug , teveel voor deze.'

Olaf ging een andere emmer halen die hij snel met sneeuw uitwaste. Een opgestoken duim deed hem lachen.

Terwijl het laatste bloed de emmer invloeide , sneed ze het hoofd af en gaf het aan Dirk.

'Kop openen , leegmaken ook de tong uitsnijden.'

Die nam het hakmes uit de koffer om de schedel te klieven.

' Zo! En waar blijf ik hier mee?.

Ze wees naar de halfvolle emmer bloed.

' Dirk ze is ons aan't leren om bloedpens te maken. Ben nu heel nieuwsgierig hoe ze dat gaat oplossen zonder brood.'

Ze duwde de beide mannen wat opzij om dan de buik open te rijten. De ingewanden tuimelden door hun eigen gewicht eruit.

De lever en het hart volgden de hersenen . De maag met de

tong legde ze op de sneeuw. Ze rook aan de nieren om er dan één op de sprei en de andere in de emmer te werpen.

' Die is slecht , teveel pipi. Oud dier en te mager.'

Ze ging met beide emmers naar binnen , waar de dames de pels aan de overgordijn rail ophingen.

'Dirk je heb maar één goede arm, dan kan je roeren en snijden samen met Rich.'

Ze nam de ingewanden uit de emmer om hem te tonen hoe klein ze gesneden moesten worden, om ze dan terug in het bloed te leggen die ze omroerde.

De maag en tong moest Frank afkoken , met de mededeling dat het hard vel eraf moest.

'Dat weet ik Betty. Ga je de darmen gebruiken ? Ik heb mij in Antwerpen voorzien , je hoeft daar geen tijd in te steken. Wacht ik haal mijn gerief.'

Hij kwam terug met een plastieken zak waarin voorwerpen tegen elkaar tikten.

Een bobijn met gedroogde varkensdarmen trok haar aandacht. Ze voelde eraan om erna een stuk af te bijten.

Een duwtoestel om kroketten te maken was verbouwt met slechts één uitgang waarop hij een tube monteerde.

De kleine vleesmolen vond ze nog interessanter.

Hij schepte een deel van het reeds gesneden vlees in de molen, zette een bord er onder, om dan met een draai vleesslierten tevoorschijn te toveren.

Ze klapte in haar handen, en stak weer haar duim op.

Met het vulmachine stond ze hartelijk te lachen.

Frank maakte enkele worsten die ze vast nam.

' Veel makkelijker dan met de lepel. Goed zo Frank.'

' Ziezo , ieder zijn eigen trucage. Komaan dames roeren en malen.'

Na een laatste blik op de toestellen liep Betty terug naar buiten, waar Frank reeds zijn kookvuur aanstak om een grote pot sneeuw warm te maken.

' Betty moeten de poten er niet af ?'

' Morgen, te taai. Maar nu water om het binnenste te wassen. Ik verwijder de ingewanden , geen tijd genoeg om daar wat lekkers van te maken. De aaseters gaan gelukkig zijn.'

' Ik heb maar één vuur. Je moet dus kiezen , koken of warm maken.'

' Allebei , ik maak een houtvuur.'

Petra kwam naar buiten , met de vraag hoe dik de brij moest worden vooraleer ze worsten konden draaien. De makers vonden de brij nogal droog.

' Er moet nog spek bij , helaas wintertijd is voor de dieren ook magere tijd. Ik breng zo wat.'

Overal waar nog wat vet en spek aanzat sneed en schraapte ze het los . Dat gaf ze aan Goedle die het bij het gemalen vlees moest doen.

Even later kwam ze terug met een streng pensen.

'Kan dit of moet het beter.'

'Zeer goed; werp maar in de sneeuw dan kunnen ze opstijven. De rest versnijden we morgen, het vlees is nog niet bestorven.'

De sprei met alle slachtafval liet ze door Olaf naar de bosjes trekken.

' Olaf schep de bak eens vol ijs, leg het vlees dan in de bak en hef het zo hoog mogelijk. Wel even afdekken met sneeuw voor de zwarte vogels. Thuis hebben we staketsels om de vreters weg te houden, dit is gemakkelijker.'

Richard stond naar Olaf te kijken : 'Hé vriend berserker ! '

Je hebt nooit gedacht dat een beer zoals jij van zo'n klein vrouwtje orders zou krijgen.'

Omdat hij haar taal sprak kon ze antwoorden.

'Moet jij niet gaan roeren , of werk je niet graag?'

'Met vier aan één kookpot zal wel voldoende zijn , ik zal Frank helpen. Maar natuurlijk ook jou majesteit, met je houtvuur.'

' Rich vertaal eens voor me ?'

< Betty ! > < Frank ? > < Kunnen we straks een stuk vlees braden > < Je bent al bezig > < Hoezo ? > < Ik heb deze morgen de rantsoendoos nagekeken. Ik kan een stoofpot maken van maag en tong . Als het mag van jou. > < Waarom zou dat niet mogen ? > < Jij bent de kok. Bij ons koken de dames .> < Doe maar , geen probleem. >

' Pot vol koffie ; ik ben een knook vergeten . Hé Olaf, zakken vriend , ik moet nog eens aan het rendier zitten .'

' Heb ik je nu goed verstaan ? Zei je pot vol koffie ?'

' Ja , leuk hé . Van Dirk geleerd .'

Richard stond naar haar bedrevenheid te kijken, om een gewricht uit het rendier te halen zonder veel kapot te maken.

' Olaf , ik weet nu al dat het een meisje is met een hoog IQ. Misschien is het beter om haar Nederlands te leren dan Engels.'

' Ja dat gaat haar precies goed af. Trouwens wij praten toch voortdurend, ze moet wel woorden opnemen. Vraag het haar.' Ze trok haar schouders op : 'Maakt niet uit, zolang ik maar mee kan lachen met Frank en Dirk hun zotte kuren. Ja goed, leuk.'

De reuk van de stoofpot liet het water uit hun mond komen. Smakelijk werd de pot tot op de laatste druppel saus opgegeten.

' Wat een godsgeschenk. Eindelijk een goede kokkin in huis.'

'Vetbol, zie maar dat je straks in de Queen geraakt om te slapen.'

'Gaan we wacht lopen ? Of betrouwen jullie allen op de Queen zijn schep?'

' Wat zei Dirk ?' Betty wachtte even op de vertaling.

' Niet nodig. Er is voldoende afval voor de nachteters. Ze zullen niet naderen, of het moesten er heel veel zijn. De zwarte vogels slapen , en de rest kan niet bij het vlees .' Frank zette zich luid boerend recht.

' Als we nu eens vlampotten maken , er liggen blikjes genoeg en olie is hier ook aanwezig.'

De rest van de lichturen besteden ze aan het fabriceren van vuurpotten. Blikken werden met olie en een beetje mazout gevuld , een wiek gemaakt van een overgordijn deed perfect zijn werk.

'Mannen, ik heb enkele Molotov cocktails gemaakt. You never weet wat er komt.'

Dirk nam een volle fles aan om de lont afsluiting te bekijken.

'Perfect Jacky, zelfs ik ben hier bang voor.'

Betty liet niets zien van alle verwondering die ze had bij alle rare dingen die haar nieuwe familie maakten. Het was precies niets speciaals voor hen.

Twee ringen van de potten elk op een meter uit elkaar, sloten hermetisch de Queen en de voorkant van het station af van de omgeving.

'OH hoe mooi . Lucifers lichtfeest. Het is jaren geleden dat ik zoiets moois nog zag . Bedankt mama's en papa's , zo leuk.'

Met betraande ogen stond Betty naar de vuurlichten te kijken.

Ze zette zich op een houtblok naast haar uitdovend kookvuur, trok haar muts wat vaster op het hoofd, om dan zacht oude Samen liedjes te zingen.

Dirk moest even een stofje uit zijn ogen wrijven.' Wat een stem zeg .'

Hij legde wat hout op het vuur, nam ook een houtblok, zette zich luisterend naast haar, terwijl haar hand in zijn knuisten verdween.

De anderen namen ook een houtblok om rond het opflakkerend vuur in stilte nog wat tijd door te brengen.

Met scherp geslepen messen ging ze bij dagenraad het rendier opnieuw te lijf.

Zoals de dag ervoor stond Frank naar haar kunde te kijken.

Na het vlees in behandelbare stukken gesneden te hebben, volgden de beenderen die door Betty nauwkeurig bekeken en geroken werden.

' Olaf ! Ik denk dat ze onze bruine beren van verleden jaar nog zou terug vinden.'

'Juist Petra. Heb je gisteren gezien hoe zij alle achter gebleven zaken in de kasten gekeurd heeft. Ze rook zelfs aan een vergeten theezakje , wij zullen nogal een smoel trekken bij de Samen , wel van onkunde.'

'Betty wat moeten wij met de huid doen ?'

' Strookjes snijden, voor ons als we ongesteld zijn. Daarna droog afschrapen , anders kan je ze weg gooien.'

Petra had het begrepen en toog met de andere vrouwen aan de slag.

Vlijtig beende ze het rendier verder uit

' Beste kok . Hier een stuk vlees voor deze middag.'

Ze wierp Frank een voorbout toe . ' Nog mals door de pels .'

Een stukje mager vet reikte ze hem toe :' Om te bakken. Lekker.'

De rest van het dier verdween in stukken in Queen 's schep waar ze vakkundig met sneeuw bedekt werden.

' Je kan zeggen dat het geniaal is . Maar met de schep boven de cabine gaan we brokken maken.'

' Altijd klagen, niet nodig . Maak een ijs bak op het dak van de aanhanger .'

' Bedoelt ze nu op de bagage drager ? Dat gaat er door vallen.'

' Niet zot worden , ik heb een idee. Volg me maar.'

Wat later braken de mannen de winkel toog uit om de bagage drager een vloer te geven . Het laatste overgordijn kwam erop te liggen , waar Olaf een ijslaag opschepte.

Betty verdeelde het vlees samen met de worsten over de drager.

' Olaf , nu een laag sneeuw.'

In lagen werd het vlees alzo verdeeld, Met een dikke laatste laag er bovenop.

Een emmer met afgeschraapte ribben en soepbenen hing ze aan de zijkant.

Frank kwam buiten kijken hoever ze al gevorderd waren.

' Fastfood! Kom maar halen.'

Opnieuw waren er meer Mmm's te horen bij het verorberen van de bout.

' We zijn klaar met het rendier. Te snel voor beter voedsel .

Sorry . Mijn ma zou nogal tegen mijn oren slaan door al de verspilling van het ongebruikt rendier. We kunnen vertrekken , als je wil .'

Olaf stond recht en hief zijn tas koffie op : ' Groetjes aan alle geesten die ons pad met dat van Betty lieten kruisen. Hopelijk kunnen we het samen overleven.'

Zonder veel moeite doorkruisten ze het vlakke land, wetend dat het gebrek aan rantsoenen zich even had opgelost met alle rendiervlees.

Sneeuw met ijsvlakten wisselden regelmatig af met droge streken.

Dagelijkse sanitaire stop, en wat voedsel tot zich krijgen waren zowat de enige onderbrekingen in de lange ritten.

De ene dag sloot aan bij de volgende. Een week werden er twee.

Hoe eentonig het land wel was, het werd alle dagen onderbroken door de taallessen. Oorverdovende lachbuien compenseerde de eenzaamheid van het land.

Betty stond na een sanitaire stop, heel aandachtig te luisteren naar de omgeving.

' Rich . We zijn te ver naar het noorden, we moeten terug.'

' Wat bedoel je ?'

' Luister naar het bos. Hoor jij een vogel ? Hoor je ook maar enig dierengeluid ? Een levend bos is nooit stil.'

De stilte werd alleen doorbroken door nu en dan een zachte knal.

' Betty , waarom denk je dat ?'

'Niets leeft hier. Je kan de bomen horen scheuren door de koude . Zelfs een rendier of kariboe zou wat uitwijken. We moeten terug , we zijn te dicht bij de ijs muur gekomen.'

Dirk trok zijn muts af en wierp ze in de sneeuw, om ze even snel door de kou weer op te zetten.

' Wat ! Moeten we nu weer weken ronddolen ?'

'Zoiets weet ik niet , maar hier ga je geen Samen tegenkomen.'

'Heilige Mama Maria , waarom werkt de verdomde Gps niet. Ik moet je niet vragen hoever we terug moeten .'

Ze trok haar schouders op: ' Vraag het aan de dieren.'

Goedle kwam als laatste terug in de Queen.

' Hoe koud. Zeg mannen. Nu de aanhanger praktisch leeg is, kan iemand daar een gat in de vloer maken zodat we onze kont niet meer moeten laten bevriezen.'

Dat vond iedereen een prachtig idee dat dadelijk uitgevoerd werd.

Met een lege rantsoen doos maakte ze bovenop het ontstaan gat een nood wc.

'Een badkamer is teveel gevraagd zeker ? Toch zal ik mij daar in het vervolg wassen , plaats genoeg en warm.'

' Ja natuurlijk , geef een vrouw een cadeau , als het papier eraf is wil ze al wat anders. Maar dat kan wel . We moeten gewoon een rek maken waar we met sneeuw gevulde emmers aan kunnen hangen. Die zal wel smelten door de verwarming.'

Een paar lange takken tegen de wand geboden, waren voldoende om vier emmers vast te zetten.

De rest kon zoals nu opgewarmd worden door het kookvuur.

' Ziezo kameraden , je kan .'

Met de verstreken tijd begon Betty steeds beter Nederlands te praten. Zoals steeds kwamen de vloeken er als eerste perfect uit.

Het terrein werd langzaam terug bevrijdt van hoge sneeuwlagen, op de terugweg viel er ook steeds minder.

' Hola ! Lees ik nu goed ? St Petersburg 20km. Hoe kan dat ? We zijn pot vol koffie al maanden onderweg en hoever is dat nu van Antwerpen. Hier in het beste boek van de weg staat Brussel– St Petersburg 2500 km.

Wie van jullie rijdt er altijd achteruit .'

' Wat denk je van onze snelheid, zeker toen met onze ijskast. 5 à 10km/ uur en niet altijd.'

' Oké. Maar 2500 gedeeld door 10 is slechts 250 en dat door 8 uur per dag geeft 31 dagen.

Wat hebben jullie tijdens al die andere dagen gedaan ?'

Betty die al wel wat gewoon was van het team, keek toch een beetje bevreesd om de manier waarop Dirk de rekening maakte.

' Dat is toch heel simpel. Gewoon naar jouw onnozele praat geluisterd en je dagelijks volgestopt met uiterst lekker voedsel. Wel onverdiend.'

' Toch gek nietwaar. Als ze ooit mijn memoires lezen gaan de lezers dat nooit geloven. Ik zal dan maar Jakamakka als eindbestemming schrijven.'

'Kan jij schrijven Dirk ? Dat zou ik nu ook graag kunnen en lezen, dat moet fantastisch zijn. In het huis lagen boeken met foto's van dingen in het buitenland, helaas versta ik alleen de plaatjes.'

Petra nam haar hand vast: ' Dat is onze fout , niemand dacht er bij na. We gaan het je leren. Tijd genoeg met al dat achteruit rijden .'

' Dank je. Is dat moeilijk?'

'Nee hoor. Zelfs Dirk kan dat, en dat wil al wat zeggen.'

' Pas jij maar op mislukte kok .We kunnen zonder jou. Betty is aan boord.'

'Aandacht , hier splits de baan . Links de Sint ; recht naar de Roesh. Of wil meneer Gielasz eerst zijn technische zaken bij schaven in de grote stad?'

< Olaf > < Dirk > < Jij bent al even zot als die bordenwasser.>

' Dank je wel vriend van mijn hart . Dus naar de Roesh.'

Berkenbomen met hun gevlekte witte stammen werden hun gezellen. Bijna overal stonden ze te pronken met hun lege takken , wachtend op de eerste lentezon om blad te maken.

' Welkom in wit Rusland. We vorderen. Maar ik Frank de Belg denk dat het tijd wordt om eens onze benen te strekken en wat wild te vangen. We hebben deze morgen de laatste pensen opgegeten , met de laatste pannenkoek. Of zoals ze zeggen , de muizen liggen dood in de ijskast.'

Ze parkeerden de Queen naast een gemengd bos wat Betty had aangewezen

'Meer soorten, meer andere dieren. Morgen kunnen we vallen zetten, nu zijn de dieren gaan schuilen voor Queen's lawaai.'

' Betty doe sneeuwschoenen aan. Ik ga jagen, je kan mee.'

Richard keek zorgvuldig zijn jachtgeweer na. De lens kreeg extra aandacht.

' Rich wil je het mijne ? De warmte lens is opgeladen.'

' Merci Jacky, maar ik wil haar tonen dat er altijd twijfelaars rondlopen. Zie hier maar wat rond , ik ben straks terug.'

Samen liepen ze het bos in, wat bij haar een zekere euforie veroorzaakte .

Zwijgend en voorzichtig betraden beiden als enige mensen het oeroud woud.

Nu en dan tikte ze zwijgend tegen zijn arm om hem naar sporen of holen te wijzen, waarop hij steeds goedkeurend knikte.

Hij gaf haar een houten plankje met nylondraad erop.

'Je kan al wat stroppen aanleggen, ik loop naar die verhoging.

Blij dat hij haar serieus nam, begon ze de ingangen na te kijken
Bij sommige stelde ze een strikdraad op , andere interesseerde
haar niet.

Heel voorzichtig kwam ze tot de plaats waar Richard te
wachten lag op buit.

Ze fluisterde in zijn oor dat er een dwaas dier rondliep.

Hij knikte en wees naar rechts vanwaar er een geknor kwam.

Een everzwijn met enkele biggen kwam tevoorschijn.

Ze zag dat hij het geweer liet zakken, wat haar tevreden stelde.

Je schiet geen mama dier dood voor haar kleintjes groot zijn.

' Papa loopt hier ook rond ' fluisterde ze opnieuw: ' even
wachten.'

Doch de beer had geen zin om opgegeten te worden.

Richard hoorde hem de andere kant oplopen.

' Wel raar dat er maar één zeug bij is .'

'Misschien Rich is het de rest van zijn rotte. Afgeschoten of
gedood door de koud.'

Ze bleven nog een uur aan het wild pad liggen. Maar geen één
fatsoenlijke buit kwam voorbij.

Een fazant was het enige dier dat nabij kwam, daar wou hij
geen kogel aan verspillen. Het zou de andere dieren maar
alarmeren.

Goedle stond met een verrekijker naar het bos te spieden.

' Waar blijven ze nu toch? Moeten we niet gaan zien .'

Ze was na uren niets doen ook wat zenuwachtig geworden.

' Geduld meiske . Rich weet wat hij doet.

Jagen is niet op de botsauto's een andere rammen . Soms bleef
hij dagen weg , maar kwam nooit zonder vangst thuis.

En nu heeft Rich superhulp bij.'

Toch werd het schemerdonker voor de twee jagers verschenen. Betty droeg twee konijnen. Zonder dralen nam Frank er één om te villen, zij deed het andere wat resulteerde in snel eten.

Boven een houtvuur werd de buit gebakken en verdeeld onder het team.

'Morgen voor het licht gaan we opnieuw, er loopt een everzwijn zich vol te proppen , die wil ik wel eens van dichtbij bekijken.'

'Dan ga ik mee , dat kan je niet alleen dragen.'

'Prima Olaf , dan moeten we niet teveel achterlaten voor de aaseters.'

Na het sober ontbijt vertrokken beiden in gezelschap van Olaf naar het wildspoor.

Bij plaatsen waar er loopsporen waren, werden strikken geplaatst

Een uur later kwam bij de lage heuvel inzicht, waar ze zich neerlegden op een meegebrachte slaapmat.

Hier en daar hoorden ze een vogel roepen of fluiten, wat hen gerust stelde.

'Hij is weg met zijn familie' fluisterde Betty :' we moeten volgen . Het spoor is duidelijk al een dag oud.'

Meer dan een uur liepen de jagers zo voorzichtig mogelijk achter het dier aan.

Olaf hief zijn hand op :' Ruiken jullie het ook ? Verbrand hout.'

Een windvlaag had de brandgeur naar hun neus geblazen.

Met getrokken wapens wandelden ze voort , er steeds voor zorgend dat hun voeten niet teveel op obstakels trapten kwamen ze aan een dal waarin een kleine hut met houtstapel de omgeving domineerde.

' Volk . De schoorsteen rookt. Daar staat een droogrek, er ligt wild op.'

' Waarschijnlijk de verloren zeugen . Laat ons terug gaan , ik heb geen zin in weer eens te moeten knokken voor wat eten .'

Voorzichtiger dan ervoor vatten ze teleurgesteld de terugweg aan.

De verrassing bij de achterblijvers was even groot bij de aankomst aan de Queen.

' Sorry . Hier jagen anderen. Het enig gevangen konijn was al aangeslagen door een lynx. Als je tevreden bent met een handvol bessen was onze tocht succesrijk.'

' Laten we dan maar voortrijden , land genoeg om te jagen.'

In de namiddag werd het bos steeds dunner, waarna een immense grasvlakte verscheen.

Petra die aan het stuur zat, besliste om gewoon rechtdoor te rijden , weg van het reeds ingenomen bos.

'Halt zoon , stop.'

De vrachtslee getrokken door vier rendieren waarin een oudere man en een jonge man stonden , hield halt bij wat voor de man een ongewoon schouwspel was.

Twee licht ondergesneeuwde sporen van een rupsvoertuig waren bij het uitrijden van het woud door hem ontdekt.

Hij stapte uit om naar een vreemde hoop middenin beide sporen te gaan .

Met zijn dolk stak de man erin , om er dan aan te rieken.

' Pa ,wat is dat ?'

' Menselijke uitwerpselen zoon. Er is een vrouw onder, dat bewijst de bebloede pels. Zeker twee dagen geleden, de onderste laag is nog niet geheel bevroren.'

' Hier aan de rand zijn sporen van een eetmaal.'

Hij nam wat beenderen op :' Konijn.'

Bij het terug instappen, nam hij zijn geweer uit de beschermhoes om het wapen door te laden.

De zoon nam een korte handboog vast en spande de pees op waarna hij het pijlen zakje opende om een pijl al een beetje omhoog te trekken.

De vader knikte tevreden door die handeling.

' Rij maar zoon , toch goed uitkijken naar vreemde mensen.'

Aan de rand van het bos, stopten zij opnieuw.

' Ze reden rechtdoor . Dat is goed, misschien zijn het mensen van de Nizina streek . Ze zullen ginder de brug over het water wel nemen.'

' Pa , zouden het jouw vrienden niet kunnen zijn ?'

'Zoon dat is een niet nagedacht idee . Dit voertuig kwam van Sint- Petersburg in het Noorden, zij moeten van links komen.'

'Sorry pa. Het kwam gewoon bij mij op.'

' Jongen, laat de gekke geest je niet bemachtigen. Goed nadenken is van levensbelang zoon.

En sla nu maar af , we moeten de kariboe afleveren of je ma is boos dat we weer te laat terugkwamen.'

Even aarzelde de man nog:' Zie jij met je jonge ogen ginder iets abnormaal ?'

' Nee pa , het lijkt me heel normaal , maar de brug is heel ver weg , zelfs die zie ik niet.'
' Oké rijden maar .'

' Oh stop. Rij ik daar over ? Dat ding ziet er niet echt veilig uit.'
' Het is een spoorwegbrug , die zal het wel houden.'
'Stijgen jullie toch maar uit. Ik rij alleen over dat scharminkel.'
'Ik blijf zitten , mijn benen doen pijn. Jacky zegt dat het door vitaminen tekort komt.'
' Dus toch!' Richard nam zijn vriend bij de schouders:' Frank ik heb je stiekem in het oog gehouden . Hoelang is het geleden dat je gegeten hebt ?'
'Drie dagen , jullie jagers hoeven meer dan ik.'
'Dat is nu eens dikke zever Frank. Iedereen is onmisbaar hier. Maar hier aan de rivier gaan we kamperen en vissen , zoveel dat het je strot uitkomt. Rijden Petra, breng hem naar de overkant.'
Het enige lawaai kwam van de rupsbanden die over de treinbiels reden , de brug gaf geen krimp.
Olaf keek tevreden de rijkunst van zijn dame na.
'Ik dacht het wel. Hier bouwen ze al eeuwen tegen de natuurelementen in , die dingen zijn gebouwd voor eeuwig.'
' Petra rij van de sporen af, moest er toch een trein aankomen.'

Ze parkeerde het geheel naast het talud waarbij het dak bijna even hoog was. Met de motor af werd het plots muisstil.

Enkele patrijzen waren de enige toeschouwers die zich vlug uit de voeten maakten.

Jacky deed een anorak aan , nam haar wapen en klom op het dak van de Queen. Goedle volgde haar voorbeeld om zich op de aanhanger te zetten. Beiden keken zorgvuldig de omgeving af.

< Hier oké > < Hier ook . Oké zorg voor vis.'>

'Jacky kom maar naar beneden ik neem wel over. Zorg voor vuur en je man.'

Dirk was al hout aan het aanslepen waarna hij een kettingzaag nam om de eerste struik die hij zag om te leggen.

Frank nam het vuur voor zijn rekening waarboven hij de hangende braadplaat installeerde.

De rest van het team maakte het gerief klaar om te vissen.

Na het boren kwam Betty terug.

' Heeft er een mamma een bebloed doekje voor mij.'

'Ja ik ' zei Goedle :' wat moet je daarmee ?'

' Bloed is zoet en dat vinden de zwemmers lekker.'

Even laten ging Betty terug om te vissen.

Het vuur brandde maar juist, of Betty kwam de dijk al overgelopen.

' Hier Frank opeten .Vis kuit . Kom op man eten. Maak maar een lekker vuur de vissen springen gewoon in onze handen.'

Regelmatig gaf ze Frank kuit , die het gretig aannam.

Vissen werden gekuist naar het vuur gebracht, tot de bakschaal zijn tweede lading had gebraden.

Het team was een uur later verzadigd van de bijna overvloed.

'Zoals aan het meer, die hebben ook honger.. Je moest eens zien hoe snel zij aan het stukje doek knabbelden.'

'Benen niet weggooien, we maken straks heet water met overschot.'

' Meisje vissen hebben graten, geen benen.'

' Ook goed, gooi die dingen maar in Frank's grootste pot .'

Propere sneeuw met vis afval stond snel te borrelen op het houtvuur.

Olaf bracht nog wat vis die met kop en staart in de soep verdween.

' Jacky mag ik je grote ogen even gebruiken? Misschien moeten we naar ginder , als ik het goed heb staan daar wat struiken met bomen waar we bessen kunnen plukken. Dat kan te voet.'

'Dat is goed, maar je gaat niet alleen.'

Dirk vergezelde haar wel naar de bomenrij in de verte.

' Dat is goed voor al het teveel vet aan mijn lichaam.' Zei hij.

De grasweide had hier en daar al wat groene plaatsen met mos en gras.

' Prima voor de rendieren. Misschien dooit het nu behoorlijk zodat ze vet kunnen worden , dat is beter voor de verkoop.'

Voor hem leek het alsof de bomen steeds verderaf bleven.

'Zo te zien is het verder dan we dachten.'

'Wist dat. Ik vroeg aan de mama's of ik je jonge mama mocht worden , jij bent zo lang alleen en dat is niet goed . Dan komen de nachtgeesten je opeten .'

' Betty! Dat kan niet meisje, ik ben driemaal zo oud als jij.

En trouwens wat hebben onze vriendinnen daar over te vertellen ? Neen , bij ons zou men mij nogal uitlachen, Ik 53 en jij geen 18 .'

'Ik heb de toestemming van de mama's , dat moet bij ons altijd . Oud of jong, de mama's beslissen.'

Dirk wist zich geen houding te geven.

' Ik mag je doden als je niet wil.' Ze draaide zich om , waarna een fijne glimlach verscheen .

Hoe verder Dirk van haar afwandelde, hoe meer ze plezier kreeg in haar hoofd.

< Dank je wel mama's voor deze tip. >

' Daar '. Ze stak haar hand uit naar een struik waaraan nog bessen hingen.

'Zuur maar heel goed voor zieke na koken. Mijn man niet van eten nu. De grondbessen mag je wel opeten. Helaas is er al een kudde koeien met lange haren voorbijgekomen.'

Ze zochten vlijtig voort, doch de kudde was waarschijnlijk ook hongerig, er bleef niet veel over.

In het aanpalend bosje stonden ook enkele kastanje bomen die er zonder bladeren en vruchten miserabel uitzagen. Toch ging ze naar bolsters zoeken.

'Kom man , hier liggen er nog . De koeien hebben ze gemist . Oh neen toch niet . Ze zijn verjaagd door jagers , hier ligt er een dood dier.'

Dirk kwam kijken naar het slachtoffer.

' Betty dat zijn geen koeien , dat is een wisent. Maar veel ligt er niet meer.'

' Goede jagers nemen alles mee, hier liggen nog beenderen en de schedel.'

Ze nam een stel ribben om die te plooien .: ' Goed , prima spul dat neem ik mee.'

'Wat ga jij met die dingen doen? Die zijn al helemaal afgeknaagd.'

' Ja prima dan moet ik ze niet kuisen.'

Ze brak ook de hoorns af, die eveneens in de rugzak verdwenen.

'Ik ga een jachtwapen maken. Beter dan lawaai wapens, zeer goed om vogels te vangen.

Ze deed alsof ze een boog afschoot. 'Tjoef , dood.'

Hij dacht dat zwijgen nu niet slecht kon zijn .

' Mijn pa is een prima bogen maker, tijdens de koude tijd hielp ik altijd , die werden dan voor de jachttijd verkocht.

Mijn broer heeft er ene in vogel stijl, zeer sterk. Die maak ik nu voor ons.'

Ze zochten verder het bos in om teleurstellend te bemerken dat hier heel wat eters rondliepen.

' We moeten terug voor het donker wordt.'

Ze glimlachte : ' Te laat man , we moeten ons een nest bouwen in een boom.'

Een schelle lach doorbrak de stilte van het bos.

' Jij ook te laat, ik ruik je mannelijke trots. Kom man , onnodig jezelf te beliegen.'

' Wat ! Wat zeggen jullie nu ? Rich onze vrouwen zijn zot geworden. Ze hebben Betty de toestemming gegeven om met Dirk de nacht door te brengen als man en vrouw.'

Richard trok zijn schouders op, terwijl Frank zat te genieten van Olaf zijn ongeloof.

' Olaf so what ? Betty is een Samen , die huwen heel vroeg. En ik de Noor Richard zal me zeker niet bemoeien met hen Trouwens het wordt tijd dat zijn stop eruit vliegt.'

Frank lepelde wat van het vis brouwsel en boerde luid. 'Amen'

'Olaf Räven ! Als ze terug komen , doe jij ook alsof het de normaalste zaak ter wereld is .'

' Ja skatt , ik zal je bevelen niet naast me neerleggen.'

' Ik beveel niet, je kreeg alleen een goede raad van je liefste vrouw. Trouwens ze komen eraan , en Betty hangt aan zijn lijf als jong gehuwden .'

Toch was Dirk bij aankomst de schaamte nabij , zeker omdat hij besefte dat zij het allen wisten.

Olaf stond wat opzij aan de Queen en keek beiden aan.

' Veel bessen heb je precies niet bij.'

< Olaf ! > < Ja skatt > < Callates >

' Oei Olaf oppassen , je Spaanse furie wordt wakker.'

' Papa Olaf! Ik Betty van de Samen heb beslist dat Dirk nu geen papa meer is maar mijn man. Of zoals jullie zeggen Amen .'

Olaf kwam juist voor haar staan, hij moest door zijn lengte naar benden kijken , nam haar vast en hief Betty omhoog om haar drie zoenen te geven.

' Bij deze ben jij nu officieel een lid van ons team. Welkom Betty van de Samen. Ik heb ook een geschenk voor je.'

Het zwaard van Gregor samen met een vlijmscherpe stiletto

kregen zij als cadeau.

'Dank je wel makker. Toch één vriendelijke mens rondom mij.'

' Hoor de janker nu, één keer van de grond en hij is al getemd.'

' Gij moet je niet moeien visvreter. En hoe weet jij dat we in een boom sliepen ?'

' Jacky heeft het gezien door haar verrekijker. Denk je nu echt dat we jullie niet bewaken.'

De dagen regen zich ééntonig aan elkaar Frank was dankzij de vis vlug hersteld, wat hen deed beslissen om weldra voort te rijden.

'Mag ik vragen om nog één dag hier te blijven , de booglijm moet drogen.'

Die kreeg ze, het gaf hen ook weer wat extra gedroogde vis om mee te nemen.

Nadat Betty klaar was met het maken van lijm uit de hoorns, verlijmde ze twee ribben tegen elkaar, dan bond ze touw om de wisent beenderen om die strak aan te spannen.

De mannen bekeken Betty's boog met bewondering, speciaal na het eerste schot. De pijl die doelloos was weggeschoten, vloog zover dat ze de moeite niet deden om te zoeken .

'Zij noemt dat een vogelboog. Mij doet dat aan een Hunnenboog denken. Wat de echte naam ook is, dit moeten wij ons ook aanschaffen voor vogeljacht.'

' Dirk ! Hoelang zoek je hier dan nog te verblijven .

Die warme lijmpot komt niet in onze kar , zo stinken zeg .'

' Het heeft haar een week tijd gekost , we kunnen voortrijden en later lijmen als er nog eens gerust wordt.'
Goedle zat aan het stuur te wachten op een beslissing.
' Zal ik dan eerst naar de wisent rijden, daar kan je al ribben rapen.'
Met hun voertuig ging het merkelijk sneller. Na het uitstappen zocht het team naar bessen en noten, terwijl Betty nog enkele wisent ribben selecteerde.
Tevreden met wat ze hadden gevonden, reed Goedle de weidse grasvlakte op.
' Hoe groot toch. Bij ons zie je nog geen kilometer ver. Mooi.'
'Juist Jacky, als je een schotse hooglander bent zie je veel bergen. Soms dubbel door de Whisky.'
' Halo mensen, zal ik even stoppen? We zijn nu meer dan 20km verder, misschien eens rondkijken naar voedsel.'
Jacky met Petra klommen als naar gewoonte bovenop de Queen.
< Veilig> < Hier ook > < Zie je iets Jacky ? '> < Kom eens >
Petra keek met de verrekijker naar een punt dat Jacky aangaf.
< Wat zie je ? > < Een elektriciteit pyloon.'>
' Jongens ginder loopt een elektrische kabel. Waar elektro is wonen mensen . Gaan we kijken ?'
'Zonder twijfel , we behoeven van alles en nog wat, zodat het keukenpersoneel eens iets deftig kan klaarstomen voor zijn maatjes.'
Goedle reedt zo voorzichtig mogelijk naar de pyloon toe , het team keek door verrekijkers de omgeving af op onraad.
' Stoppen Goedle , ik zie lantaarnpalen of iets dergelijks .'

' Yes Dirk, goed gezien. Daar zal een baan liggen. Goed rij daarheen we gaan het eens bekijken.'

Nu ze een direct doel had, reed Goedle op volle snelheid, alles op hun weg platrijdend, er naar toe.

Richard die mee vooraan zat , zag de baan het eerst.

' Stop ! Zie nu , hier is sneeuw geruimd. Bizar.'

"'t Is niet waar, zien jullie waar we zijn ? Daar in dat benzinestation zijn we al geweest, vraag het maar aan Gregor. Verdorie wij rijden nu al in cirkels in plaats achteruit.'

Goedle startte opnieuw om zonder aarzelen het station op te rijden.

' Oh dat lijkt gewoon op het ander. Sorry.'

Twee vrachtwagens geladen met boomstammen stonden schuin op de parking. De ene met de cabine in de struiken, bij de andere stond deur open.

Een snelle rondgang was genoodzaakt, wat dan ook met de nodige omzichtigheid uitgevoerd werd.

' Deze chauffeur is gedood met een kogel door zijn hoofd. In de tweede zit niemand.'

' Komaan tanken.'

' Ja maar Jezeke , zo moet je niet beginnen. Zo goed als leeg. Er rijden concurrenten rond. Foei dieven. Hopelijk zit er genoeg in tot het volgende station.'

' Als hier verkeer komt , kunnen we die leegpompen.'.

'Foei Betty, wij zijn geen rovers. '

'Hé mannen die trucks zijn ook leeggemaakt. Hier rijdt een dorstige bende rond.'

Olaf kwam uit het gebouw.

'Leeg, alleen voetsporen in het stof. Blijven we of terug de poesta op ? Wie vindt het daar veiliger. Oké iedereen.
Goedle terug naar af aub, tot waar je de lampen moet aansteken. Dat zou ik nu niet echt doen, maar toch dicht genoeg om ander vervoer te spotten.'

'Voilà geen vuur, we gaan weeral koude aap eten. Wie neemt de eerste wacht ?'

Terwijl ze gedroogde vis aten met wat noten, werd de eerste lichtschijn van een wagen waargenomen.

' Verkeer . Nog ver weg maar het komt eraan .'

Een flauw licht verlichtte de hemel , een licht dat steeds naderde om dan het station voorbij te rijden.

Jacky zat al klaar met de warmte kijker .

'Alleen de voorste heeft verlichting. Maar het is ook niet nodig met het licht van de maan.

Ziezo alles voorbij. Wat doen we ?'

'Eten - slapen en wachtlopen . Ik jullie kok loopt de eerste wacht.'

' Jullie kok . Hahaha , grapjas. Hoelang is het geleden dat jij nog eens je vingers verbrand hebt?'

'Lang, voor jou zal het toen de laatste keer geweest zijn, afgestroopt varken. Dirk man je zou jezelf eens moeten bekijken , hoeveel weeg je nog ?'

'Frank, we kunnen ons nu bij een modellen bureau aanmelden. Als er een storm opsteekt vliegen we weg zoals een blad papier.'

' Misschien kunnen we ginder wat halen. Waar mensen zijn , is voedsel.'

Olaf rekte zich uit: ' Ik ga slapen , wek me als het mijn beurt is. We weten niet wat er nog komt. Een straat sneeuwvrij maken voor drie voertuigen lijkt me nogal bizar.'

Ze bleven daarom zeer waakzaam de baan bestuderen met de warmte kijker.

'Vreemd . Alle verkeer loopt in één richting , voor deze buurt zelfs behoorlijk veel.'

Tijdens Richard zijn wachtbeurt reden de drie zelfde voertuigen de andere richting uit.

Het wat nu ? Werd druk besproken tijdens het sober ontbijt .

Frank zette zich recht, nam de riotgun om de Queen in te stappen.

' Simpel, we gaan zien . Spijtig voor diegene die worsten heeft en mij niets geeft.'

Allen beaamden dat het zo ook niet verder kon en stegen in.

Goedle zat opnieuw aan het stuur, ze reed gewoon naar de straat om dan linksaf de weg van de trucks te volgen.

Een half uur later verschenen er gebouwen , ze remde wat af om de buurt te controleren.

'Rechtdoor Goedle, het spoor loopt naar achter de gebouwen. Helaas is de poort gesloten , je zal moeten aanbellen.'

'Wacht , ik leg me op het dak. Niemand zal dat verwachten.'

' Goed idee , ik doe mee.'

Petra vleide zich naast Jacky op het dak waar beiden de buurt naspeurden met de warmte camera.

'Oké Goedle karren maar , steek je lichten aan.'

Alsof er plots een heel voetbalstadion verlicht werd , kwam de ganse omgeving in fel licht te liggen .

Door de luidspreker klonk Goedle's stem.

' Hou je vast , ik ga aanbellen . Voor onze kinderen.'

Binnenin werden de ramen neergelaten zodat er vrij kon gevuurd worden.

De sneeuwschep kwam wat omhoog zodat de motor beschermd was .

Met volle snelheid ramde ze tegen de poort die tegen zoveel geweld niet bestand was, ze vloog dan ook zonder problemen uit de hengsels.

Drie gebouwen waren in U vorm gebouwd, waar middenin een houten hut stond.

' Oppassen er brand licht .'

Twee bewapende mannen kwamen buiten gestormd, om verblind door alle schijnwerpers plots stil te staan.

' Nee niet doen' siste Petra :' Neen.'

De rechter man legde aan om te vuren. Een schot van haar wierp de man met doorboorde schouder omver.

' Niet doen !' De stem van Betty in een vreemde taal klonk door de luidspreker:' niet bewegen, dit hier zijn allen ervaren jagers, je hebt geen schijn van kans.'

Ondertussen had het team zich waaiervormig achter de lichtschijn opgesteld.

'Meisje vraag eens met hoeveel ze hier zijn.'

' Ik ben je meisje niet ' klonk het een beetje boos: ' ik ben je vrouw. Vergeet dat niet .'

Na de vraag stak de man twee vingers op.

'Opletten, ik zie warmte straling in dat gebouw rechts.'

Betty nam de ondervraging weer aan.

' Je liegt, we zien daar nog iets . Wil je dood ? Zeg tegen je vriend dat hij moet blijven liggen.'

Dirk liep voorzichtig tot het gebouw waar hij door het raam keek.

' Hier zitten mensen.'

Olaf trad uit de schaduw en gaf de man een klap tegen zijn kaak die klonk als een klok. Met moeite kon die zich op de been houden. In het Samens vroeg hij .

' Versta je mij . Ja ? Dat is goed . En nu antwoorden .

Met hoeveel zijn jullie, wie zit daar in dat gebouw?'

Omdat de man liever naar de grond keek dan te antwoorden trok Olaf hem zonder moeite de jas uit .

' Kom op je broek en hemd ook , vlug.'

Door de koude treuzelde de ongelukkige die daarom opnieuw een forse mep te verteren kreeg.

'Vent ! Mijn kinderen zijn door gespuis zoals jij vermoord. Denk nu niet dat ik ook maar een milliseconde twijfel om je vel af te stropen. Wat gaat het worden ?'

'Daar verblijven de slagers. Tot een nieuwe vracht aankomt.'

' Dirk open die deur , er zit werkvolk binnen.'

Die keek in een donker vertrek waar een gloed van een uitdovend vuur de individuen verlichtte die met de handen boven hun gebogen hoofd zich niet verroerden .

' Betty kom. Dit is niet juist.'

Met de handen voor haar mond stond ze naar het onwezenlijk schouwspel te kijken.

De eerste zittende keek haar aan en zei wat.

' Neen , oh neen . Dit zijn Samen. Gevangenen van de Roesh.

Oh gekwetste bosgeest , wat is dit ?'

Ricard was tot bij hen gekomen

' Kom, wij komen je bevrijden. Goedle , lichten uit anders zijn die direct blind. Kom maar je bent vrij .'

De man knikte om dan de ruimte te verlaten.

' Jij bent geen lid van de Samen, maar spreekt wel een dialect. Dank je wel vreemdeling.

' Ik heet Richard , Noor van geboorte . Mag ik je wat vragen .'

' Ik ben Saamo , natuurlijk vraag maar.'

' Hoelang is het geleden dat je eten kreeg ? Die vent zei dat jullie slagers zijn. Is dat zo ?'

' Ja wij allen , het is de geheime slachterij van Nizina.

Hier slachten we gestolen dieren, dat weet ik omdat er zelfs enkele dieren van mij bijzaten. Als je slechts één of twee dieren gratis meeneemt valt het niet op , maar veel keren twee is ook veel.'

Dirk kwam nader, gevolgd door de rest van de slachters.

'Rich vertaal aub.'

' Meneer, waarom stook je niet harder je vuur op , het is bijna ijskoud in het gebouw. Er ligt toch genoeg hout in. '

Omdat ze even niet echt opletten, zag de gevallen man zijn kans, hij greep naar een wapen dat onder zijn hemd verstopt zat.

' Stomme zak. Voor mijn kinderen.' Jacky joeg hem een kogel door het hoofd :' Amen .'

Even waren ze allemaal geschrokken door dit plots geweld.

Saamo was de eerste die terug sprak .

'Dat kan niet. Dat is ons week rantsoen, we hebben dat nodig om de beenderen te kunnen eten.'

'Eten jullie beenderen ?'

' Neen meneer, we schrapen ze proper. Hier wordt wel wat weggegooid.'

Met bedelende handen kwam een andere tot Richard.

' Je moet niet bedelen meneer, neem wat je wil . Vanaf nu is hier alles gratis voor jullie.'

Dat lieten ze zich geen tweemaal zeggen. Het eerste doel was de blokhut.

De man die stond te bibberen van de kou , kreeg van sommige bij het voorbij gaan , flink wat klappen.

Olaf verstevigde zijn greep op de man : 'Als je ook maar één vinger durft uitsteken naar hen , duw ik met je bloot gat in het gebouw op het vuur .'

' Aub meneer , ik ben ook maar een bewaker.'

De Noor hield een slager tegen: ' Vriend, was deze man altijd vriendelijk? '

Die spuwde op de naakte man om met zijn vinger langs zijn hals te gaan.

Olaf glimlachte :' Straf hé vriend ! Hoe gedachten kunnen verschillen. Maar ik maak het goed met je. Je verteld ons alles wat we wensen te weten, of ze mogen je hebben . Jouw keuze vriend.'

De vrouwen kwamen naderbij waardoor de man plots angstiger werd, voornamelijk door de wapens die zij hanteerden.

'Ondervragen. Betty tolken , als hij maar één keer niet antwoorde steek hem dan in het gebouw voor de slagers.

Voor onze kinderen Petra.'

Ze knikten slechts dat zij het begrepen hadden.

Olaf wist bijna zeker dat zijn gevangene nu de grootste prater ter wereld zou worden.

Luid gelach klonk uit de hut , wat een beetje raar klonk in deze omgeving.

'Saamo toom je mensen een beetje in bij het eten .

Het is levensgevaarlijk om na een hongerregime je vol te proppen .'

' Niet nodig Noorman . Wij Samen weten wat honger is.

Ook wij vangen niet altijd goed en voldoende wild, of je moet je kudde opeten . Dat kan dan je inkomen gevaarlijk schaden.'

Een schot deed hen verstarren.

' Alles oké. Eén van de mensen vond een tweeloop, hij schoot onze ondervraagde het hoofd af. Bijna mijn pruik naar de vaantjes. Zou die dat ook voor zijn kinderen gedaan hebben ?'

' En daar gaat onze enige inlichting bron.'

' Niet waar Richard . Wat wil je weten , we leven hier al lange tijd. Maar kom eerst mee naar de slachthal, jullie zien er ook uit dat een goed maal je niet slecht zou bekomen..'

Bij het betreden van de hal , liep hij naar een zijvertrek waar in de diesel groep stond. Het duurde even voor de motor aansloeg. Even later stak Saamo het licht aan.

Een grote ruimte waar transporttakels met scherpe S vormige haken aan het plafond hingen , was alles er te zien was.

' Kom. De restanten van de laatste slacht liggen daarnaast. Deze nacht hebben wij 20 dieren versneden .'

Een fletse reuk trof het team de neus gaten.

Een hoop bebloede beenderen lag in een hoek te wachten om weggevoerd te worden.

' Dit is ons voedsel. Schrik niet, we lieten er soms voldoende vlees aanhangen. Zeker als de wodka weer rijkelijk had gevloeid.'

Betty bekeek met kennersogen het slachtafval .

'Wat een verspilling. Saamo hoeveel willen jullie ervan hebben?'

' Zoveel als we kunnen krijgen van jullie, om te eten tijdens het naar huis te lopen.'

Richard nam een rendierschedel vast .

' Dankzij Betty weet ik nu dat hier nog een goed stoofpotje aanzit.

Je kan met ons mee, plaats genoeg in de aanhanger , alleen de wc staat er in de weg.'

' Dank je . Dan gaan we samen alles afschrapen , dan zijn we hier vlug weg.'

' Wanneer verwacht je een nieuw transport ? Altijd leuk als je alles weet.'

' Nog een week . Soms twee als de vangst niet lukt bij hen. Dat zijn dan voor ons ook magere dagen.'

Saamo vertelde de slagers dat er transport voorzien was bij de vreemden , waarna hij bevelen begon uit te delen.

Uit een ander vertrek werden er ronde buisvormige vuren met daarop kookketels binnengebracht. Die werden via een tuinslang gevuld met warm water. Grote gasflessen werden aangesloten, om dan met een sissend geluid te worden ontstoken door de mensen.

' Jullie hebben warm water ! Hoe kan dat ? '

' In het stookhuis staat een grote tank water dat alle weken wordt aangevuld van buiten. Wij tanken het indien nodig naar een kleiner die verwarmd wordt door een houtvuur. Eén van onze werken alhier is om dat brandend te houden.

Dit water is nog van deze nacht. Twee man zijn al aan't bijvullen.

Richard je kan niet goed vlees versnijden met vuil gereedschap.

Frank stond geboeid naar al die bezigheden te kijken , die als een gesmeerd machine werden uitgevoerd.

' Zie je dat Rich , die dingen lijken nogal op Paella vuren.'

' Hé dove kwakkel , moet ik je misschien dragen.'

Frank schrok van Dirk's stem, die hem uit zijn gedachten rukte.

'Verdomme Poolse idioot. Wat moet je ? Kan je niet kakken?'

Dirk richtte zich tot Richard alsof Frank er niet was.

' Ik heb overal de poorten geopend. Buiten een lokaal met drogende huiden en een andere met vieze darmen, vond ik ook het magazijn waar het voedsel van de bewakers opgeslagen ligt. Helaas zoals Saamo zei, brengen ze het per week.'

' Wat ! Gij verloren gelopen schooier. Kan je dat niet vlugger zeggen, straks vreten de Samen het op .'

'Jongen , als je niet goed ziet moet je een bril dragen .

Die zijn hier allen aan 't werken. Maar volg me, anders valt je hart nog stil.'

De garage naast de blokhut was volgestapeld met kartonnen

dozen, die gevuld waren met steriliseer bokalen in verschillende maten.

' Dirk ! Weck potten kan je niet eten, of zijn er gevulde bij ?'

Die opende een deur waarop een frisse koelte het aanpalend vertrek verliet.

' Voilà . De grot van Ali en zijn Baba. Wel in het klein.'

Dirk ging mompelend langs de beide schabben .

' Een grote doos beschuiten , twee volle pakken pitabrood , een mand met verschillende noten, wat gedroogde vis met vlees . Droge worsten. OH zalig , vries gedroogde koffie .'

Hij opende enkele Weckbokalen om van de inhoud te proeven.

' Reuzel. Dit ken ik niet, precies bouillon maar zelf gemaakt.'

Dirk nam een rieten mand om alles wat Frank aanduidde in te laden.

'Ah hier ! Ik twijfelde al. Een bos uien. De Russen vreten niks anders.'

Hij liep tegen een doos aan,: 'Zie nu het heilig water der Russen.'

Zes lessen Smirnoff wodka , werden hun buit.

'Eten doen ze niet maar watertjes drinken, ja hoor a volontaire .'

Saamo met wat slagers kwamen dozen met bokalen halen.

Ze keken even rond om dan terug naar de hal te gaan.

Twee manden vol nuttige etenswaren en kruiden werden naar de Queen gebracht.

Frank begon al te bedenken wat er allemaal op het bord kon komen. Dirk ging het team halen om bij het buitenvuur te genieten van de gevonden schat.

< Saamo > < Richard > < Wanneer kan je even stoppen >
< Nu. > < Alles ligt te koken.> < Roep je mensen we gaan eten >

'We stoken het vuur op, dan kunnen we wat praten.'

'Richard wij zagen het voedsel, je komt amper toe voor jullie.'

' En dan ? Er komt wel nieuw. Hoop ik toch.'

Frank zuchtte bij het zien van alle extra mensen die meekwamen aanzitten .

' Natuurlijk , deel en je buit is kleiner.'

Toch bracht hij alle gevonden voedsel naar het vuur , om het op de tafel die Dirk uit de blokhut had gehaald, te zetten.

De laatste die toekwam was de jongste , hij had een pollepel bij met wat vloeistof in , die door Saamo geproefd werd.

De jonge man kreeg een schouderklop waardoor die plots vrolijker leek.

Een nieuw houtblok werd zijn stoel, om twee beschuiten aan te nemen met wat vis en worst.

'Dank je wel vreemdelingen. Mijn Finlands hart behoort jullie toe , dank je om deze karige maaltijd met ons te delen.'

'Zo ! Het zijn dus niet allemaal Samen. Hoe gaan we die thuis krijgen ?'

'Niet. Hij behoort tot Aila de zieneres van de Borg familie.. Wel vrijwillig.'

Betty stopte met kauwen om de jongen beter te bekijken.

' Wat water en zeep zou hem goed van pas komen.'

Sprak ze tegen niemand in het bijzonder.

' Zei jij nu Aila van de Borg ? Wie ben je dan jongeman?'

Die voelde dat de jonge vrouw die hem dat vroeg niet om een leugen vroeg.

'Bjorn de leerling van de zieneres. Mag ik jouw naam weten, je spreekt beter onze taal dan de anderen .'

Even aarzelde Betty, doch zag dat iedereen haar nu rechtstreeks of wat verlegen aankeek.

'Mijn nieuwe naam is Betty van het team. Thuis noemen ze mij Babty.

Babty van de familie Borg . Aila is de zuster van mijn mama's mama. Toch zal mijn naam later verdwijnen als we bij de familie Lissaki aankomen. Ik blijf bij mijn Poolse man Dirk, en zal niet weerkeren naar Finland.

Is dat voldoende uitleg ?'

Bjorn boog zijn hoofd met een dank je .

Saamo samen met alle slagers stonden recht en bogen voor haar.

' Gegroet prinses Babty. Wij de Samen zullen je ditmaal met ons leven beschermen. Vergeef ons de vorige keer.

Wij allen dachten dat je met je familie allang bij de grote geest was aanbeland. De zieneres wist het ook niet juist.'

' Vrienden. Ik heet nu Betty. Prinses was vroeger . Ik vergeef jullie alles. Amen .'

' Betty ! Wat is een zieneres ? Is dat wat wij een waarzegster noemen,'

' Vroeger zou ik ja zeggen , maar welke zieneres heeft al deze miserie zien aankomen. Nu zijn het voor mij mensen die de natuur nog beter begrijpen dan de meeste Samen .'

Na de maaltijd was het tijd om naar de kookketels terug te keren , waar de Samen terug vlijtig aan het werk gingen.

Het afgeschraapt vlees werd gebakken om dan in de Weckpotten verdeeld te worden .

De warme beenderbrij werd toegevoegd tot de pot vol was.

'Pot vol koffie die hebben aspic gemaakt , dat had ik kunnen weten.'

Frank hoorde Dirk zacht grinniken :' Eindelijk. Eindelijk geeft hij toe dat hij zijn diploma kookkunst gepikt heeft.'

Frank liep weg zonder te antwoorden ; waardoor de verbazing bij de vrienden groot was, tot ze Frank hoorde brullen van het lachen.

' Yes, één nul voor de almachtige Pool. Franky boy kon niet antwoorden. Yes bingo , kom maar op met de centjes ?'

Frank kwam terug met een dampende pot.

' Geschenk van het kookteam . Eerst nog afkoelen, dat zal hier wel geen probleem vormen. Spijtig is dit niet voldoende voor ons allemaal . Gok eens wie niets krijgt.'

Hij brak een stuk Knäckebrood af, besmeerde het met de warme pasta en gaf het aan Dirk.

Betty begreep de grap niet helemaal , ze keek bedenkelijk naar Frank die iets zei en dan anders handelde.

' Vrouwtje . Doe geen moeite , zelfs wij begrijpen soms onze grappen niet . Frank, lekker man. Dank je.'

'Team ' Olaf zette zich op een houtblok : ' ik heb een vraag.

Saamo vertelde dat de bevoorrading slechts om de week komt.

Gaan we op hen wachten en zeerover spelen .

Of zijn we pleiten met wat ze nu hebben gekookt. Voeding voor enkele dagen zei de leerling tovenaar. Niet meer.'

'Wat zegt zijn team ? Ik zou begrijpen dat ze het hier wel kotsbeu zijn. Ik zou zo toch zijn, en de gok op thuiskomst kiezen.'

' Wel, eigenlijk het tegengestelde. Er komt steeds een vrachtwagen met helpers mee , bijna altijd andere. Zij denken dat die mensen achteraf gedood worden, als zwijgplicht. Ze zeggen ook dat het anders talige zijn. Nu dat ze de beschikking hebben over de bewakers hun wapens, willen ze proberen om de dieren eerst en dan de extra beenhouwers te redden. Volgens hen zijn er maar een paar bewakers bij. Een wagen met dieren , een wagen met de helpers en dan de koelcel. Soms tankwagens met water en diesel. Alles te samen tien bewakers.'

Even was het stil bij hen.

'Neen hé. Ik wil zonder problemen een klootzak die denkt dat hij meer is dan wij omleggen . Maar zitten wachten zoals in Beiroet , neen . Zelfs niet in de naam van onze kinderen. Voor mijn part krijgen ze nog de wapens van onze vorige slachtoffers. Maar ik ga niet wachten om te moorden. Zelfs niet voor een verschraalde boterham.'

'Ze blijven toch, wat wij ook doen. Wraak is moeilijk in te dijken vrienden, weet je nog hoe razend wij toen waren.'

' Olaf ! Hou dat pleidooi maar voor je . Jacky heeft gelijk , we komen om voor altijd van die miserie verlost te zijn. We kunnen helaas de ganse wereldmiserie niet torsen vent. En ik ben ook niet van plan om alle dagen mensen dood te schieten. Zo leuk vind ik dat niet.'

'Betty hij heeft me een tekening gegeven die jij wel zou begrijpen. Het is een soort landkaart naar Lisakki .'

Ze bekeek de tekening en wist direct wat er op stond.

'Het viervinger meer. Hallo dan zijn ze zeker heel wat verwijderd van hun vaste stek . Jongens , als dit de Nizina omgeving is, zijn we nog heel wat dagen van thuis .'

Frank stond recht , ruimde de overschot van de tafel.

' Vamos . Welle weg . We vasten wel.'

Richard bracht de uitslag naar Saamo. Hij schudde de man zijn hand, en wenste hem veel succes.

' Nieuwe vriend, ooit misschien tot later. Ik hou een borrel voor je over. We hebben wapens in de blokhut gelegd.

Het gaat je goed vriend.'

Saamo zag dat de ogen van Richard wat droeviger waren dan ervoor.

' Bedankt redder van onze prinses. Ooit breng ik jou het dikste rendier ter wereld, en smullen we het op.'

'Vriend we willen nog wel de Queen voltanken. Dirk, opteerde zelf om de aanhanger mee te nemen. Maar dan valt het licht en warm water uit bij gebrek aan diesel brandstof.'

' Laat een jerrycans achter. Licht behoeven we niet, en slachten gaan we zeker nooit meer doen. We zullen ons nog wassen, en nieuwe overall 's aantrekken.

Vraag aan de dames of zij voor vertrek ook nog even willen, daarna zal hier niets meer werken.'

Met een twijfel in zijn hart startte Dirk de Queen.
Een laatste vraag om medereizigers botste op een collectief neen.
Betty hing uit het raam op zoek naar Bjorn.
' Bjorn de magische. Mijn familie hier boven zond mij een sein. Je zal mijn kinderen de ogen openen. Tot later.'
Petra nam haar hand vast:' Dat is positieve energie doorgeven. Die jongeman zal misschien nooit de slachterij verlaten.'
' Wat bedoel je Petra ? Ik zag deze nacht Bjorn me helpen om te bevallen. Hij gaat het overleven .'
Petra schudde even met haar hoofd om dan de wijde wereld in te kijken ; die er weeral een laag sneeuw bijkreeg.
Dirk volgde de baan die hier niet ontdaan van sneeuw was.
De eerste uren waren volledig stil. Allen probeerden op hun manier het verleden te verteren.
Olaf verbrak als eerste de stilte: ' Wodan opperheerser der hemel, waarom gingen zij niet mee. Zij zouden ons zo naar onze thuishaven kunnen brengen.'
Betty streelde zijn haren.
' Olaf ! Dit zijn mensen die hun ganse leven in de natuur doorbrachten, ze weten dat één misstap dodelijk kan zijn. Gedenk hem zoals jullie doen . Ik zal mijn best ook doen om ze een mooie plaats hierboven te bezorgen.'
Het eentonig geluid van de Queen bracht geen verlossing voor hun medelevende gedachten aan de achterblijvers.
' God verdomme ! ' Dirk mepte op het stuur: ' Oma vergeef mij dat ik die mensen achterliet zoals jij toen in Auswitch moest doen. Dat mijn ziel eeuwig mag branden in de hel.'

Hij reed van de baan af, om vloekend op volle snelheid de pampa te doorkruisen.

Goedle die achter hem zat gaf hem een zoen op zijn achterhoofd.

' Kalm maar vriend. Je mag mensen niet verplichten , ook wij doen ons ding. Breng ons nu maar snel naar waar eten is.'

Dezelfde rivier als ervoor doorkruiste het landschap , waar zij opnieuw even een stop hielden.

' BWhaa , hoe stinkt dat hier zeg ?'

Honderden dode vissen dreven aan het oppervlak.

'Hola Mozes , dat klopt hier niet. Alles is stokstijf bevroren, doch dit stuk water is ijsvrij. Daar zou ik maar niet van drinken, de kans bestaat dat je dan licht afgeeft.'

'Wat doe ik ? Rijden we verder of steken we ginder terug de brug opnieuw over.?'

'Volgens je atlas kruist het spoor hier nergens meer het water. Wel onder voorwaarde dat dit Rusland is, met gevolg dat hun gegevens zeer mager zijn in vergelijk met alle andere bladzijden.'

Betty stak haar hand uit :' Mag ik eens kijken, misschien staan de vingers erop.'

Omdat ze het niet gewend was om landkaarten te bestuderen moest ze geholpen worden.

' Oei zoveel plaatsen waarvan ik nog nooit gehoord heb.

Dan ook nog al die vreemde woorden.'

Richard zette zich bij haar om uitleg te geven waar het team zich ongeveer bevond.

Ze legde haar vinger op het boek :' Dus dit hier is Lapland, of

Samenland ? Zoek dan eens een groot meer met veel bossen en genoeg graasgrond.'

'Al dat blauw zijn meren Betty , daar is Finland rijkelijk met bedeeld. Maar samen vinden we het wel, we weten waar de vleesfabriek ongeveer is. Dan kunnen we vandaar uit zoeken.'

' Goed we zoeken . Kan jij dit allemaal lezen.'

' Ja , maar of de uitspraak perfect is kan ik niet garanderen.' Richard begon bij het eerste meer de namen van de plaatsen voor te lezen.

' We rijden onderwijl terug naar de brug. Daar kunnen we misschien opnieuw vis vangen. Het zal beter smaken nu we nog wat kruiden hebben.'

'Prima idee , rijden Dirk.'

' Ziezo , de Pool heeft alweer gelijk . Achteruit rijden doen we dus toch .'

Hij bleef naast de spoorweg rijden, wat inhield dat de afstand korter was dan ervoor. De brug werd vlug gespot, waar de Queen op dezelfde plaats tot rust kwam.

Binnen het half uur waren ze opnieuw vis aan het vangen, wat opnieuw een makkelijke taak bleek te zijn.

Tijdens het eten bladerden Richard met Betty voort in de atlas.

'Hoe noemt dat ? Je zei iets wat mij bekend voorkomt , wel anders uitgesproken.'

'Girvas , het ligt nabij een groot meer . Hier zie maar.' Haar vinger gleed over het papier alsof ze het terrein kon volgen.

' Hoe noemen ze deze plek ?' Ze wees een naam aan midden een schiereiland.

' Unisat of zoiets.'

' Dan is dat het vier vinger meer. Lang geleden hebben we daar dieren verkocht. Voilà mijn taak zit erop , nu is het aan de heren woudlopers.'

'Dat voilà spreek je al goed uit. Als we straks genoeg gevangen hebben , kunnen we morgen die grote baan zoeken en rechtsreeks naar Girvas rijden.'

'Juist Rich'   Dirk was al aan 't uitcijferen hoever ze nog moesten : 'dat zal wel loslopen vriend , alleen zeg je er niet bij dat het meer wat groter is dan een platte koekenpan.
Het zal zoeken worden.'

' Lisakki had vroeger een enorme kudde , die steek je zomaar niet weg. We zijn al zolang aan 't rondzoeken , we vinden zijn familie wel. Als ze nog leven .'

Ze gaven zichzelf nog wat respijt om toch wat vis te vangen en te bakken, zodat er toch een beetje reserve voedsel was voor onderweg.

Betty schouwde haar kunst met de boog. Twee luie fazanten werden haar doel en buit. Dirk ging de dieren oprapen waardoor er twee patrijzen wegvlogen , waarvan ze er nog één wist te verschalken.

'Zie je wel , stille jagers hebben eten .'

Dirk krabde over zijn hoofd.

' Dat klinkt of we een ferme rammeling gekregen hebben.
Laten we als er tijd is ons ook zo'n ding maken.'

Petra draaide enkele vissen om boven het vuur, en keek Dirk aan.

' Tijd is er altijd , maar zin om te wachten is wat anders .

Ik zo heel graag eens in een doodnormaal bed willen slapen
en niet tegen de deur van de Queen , laten we voortmaken .'
Daar waren ze het allen snel over eens.
   'Frank zei deze morgen, welle weg. We houden het op
morgenvroeg.'

   Omdat ze de brug nog steeds niet betrouwden bij het
overteken , liep het team voor de Queen de brug over.
Met dezelfde piepende geluiden kwam het geheel er
ongeschonden over..
   ' Prima, de tankwagen volgt goed. Die koppeling heb je goed
gedaan Frank.'
Olaf was de bestuurder van de dag. Hij besliste om schuin
rechts aan te houden , om het bezocht bos links te laten liggen.
Ondanks dat hij nu rekening moest houden met de tankwagen
vlotte het redelijk vlot.
Toch werd hij wat onrustig bij het bekijken van het meteo
station.
   'Beste vrienden en vriendinnen , ik heb een nare mededeling.
Sinds een uur zakt de temperatuur opnieuw, en wel sneller
dan ik mijn sokken aankrijg.'
Richard zette zich recht, zoiets hoorden ze niet graag.
De ondervinding op de polen had het hen geleerd.
   < De wind ? > < toenemend vanuit de rug > < hoeveel ? >
   < 70 >
Dirk leunde over de leuning zodat hij op het dashboard kon

kijken.

' Wie van jullie heeft deze morgen zijn gebed niet opgezegd ? Dat ziet er witte kak uit . Olaf snorren man , ik wil hier weg.'

Met de moed der wanhoop probeerden allen een schuiloord te vinden voor de storm op zijn hoogste punt zou komen.

' Pot vol koffie, waar in deze woeste vlakte gaan we een gebouw tegenkomen . Verdomde poesta.'

' Ginder ' riep Goedle :' daar staat iets dat geen bomen zijn.' Olaf stuurde erheen zonder dat hij wist wat het kon zijn .

Met een bonk en een duik met de voorste tracks in de diepte , vloog het team tot tegen de stoelleuning voor hen.

' Shit , wat hebben we nu weer aan onze fiets hangen?'

Een schurend lawaai van rupsbanden die ronddraaiden zonder iets te raken, deed Olaf beslissen om de motor af te zetten.

' En dit is dan geen witte maar dikke kak. Geef mijn vest eens aub , ik ga kijken.'

'Olaf niet doen . Je vliegt zo weg . Ik wil je nog niet kwijt.'

' Geen angst skatt. Ik ben zo terug.'

Een zware windvlaag beladen met ijskoude sneeuw vloog de Queen in bij zijn uitstappen.

Vanuit de cabine zagen ze hem even niet meer, om dan een wit spook te zien opduiken in de stuurhut.

' Zonder in herhaling te vallen, we zitten niet in de kak maar in een beerput.

Hier voor ons loopt een door mensen handen gemaakte gracht.

De voorste tracks hangen met de neus omhoog, we kunnen

niet achter of vooruit zonder die kapot te maken.'

'Olaf ! Bedoel je nu dat we hier vast zitten ? Hier in dit pestweer. En door mensen gemaakt ? Welke idioot graaft er nu een gracht midden in dit land.'

' Finnen , Duitsers of Russen , kies maar. Hier zijn heel wat veldslagen geleverd tijdens de oorlog. We zullen moeten afwachten hoelang de storm aanhoudt.'

' Leuk, onze mondvoorraad ligt in de aanhangwagen . Het zal een dagje tanden bijten worden. Dan heb ik het nog niet over de temperatuur die ook in de cabine snel zal zakken als de motor niet werkt.'

'Sorry mensen , maar die mag niet draaien. Ik kan zo de versnelling niet uitzetten. De track moet plat staan , die kan nu alles kapot maken.'

Frank's voorspelling kwam uit. Drie dagen woedde de sneeuwstorm., waardoor er evenveel dagen niet gegeten werd. Naar het toilet gaan werd zelfs een beschamende aangelegenheid. Het toilet was een gevouwen bladzijde van het atlasboek , dat ook gebruikt werd als toiletpapier . Waarna het geheel tijdens een korte windpauze buten gedropt werd.'

' Ssst , het is voorbij . Zullen we eens gaan kijken naar ons arm voertuig.?'

Ze moesten met geweld de deur openen, die stevig dicht gevroren was.

Een meter sneeuw die zich opgestapeld had tegen de Queen. ,was een behoorlijk obstakel geworden .

' Weet je wat ? Gelukkig was er evenveel wind, anders waren we geheel ingesneeuwd geraakt.'

' Frank . Heb je een idee hoe we dit moeten oplossen?'

' Veel, toch is de enige manier om de track te redden, gewoon de gracht dicht maken. En niet met sneeuw. Vermits hier geen stenen liggen zullen we bomen moeten halen.'

'En dit beste luisteraars was het magnifieke idee van de Belg. Heb je al gezien hoever het bos van hier is clown. Gaan we dat kunnen op een gebakken vis.'

' Dirk zaag zo niet ! Dit of wandelen. Meer keuzes hebben we niet.'

Met alle moed die ze nog hadden werden er bomen met kettingzagen omgezaagd door de vrouwen, die dan in draagbare stukken door de mannen naar de gracht gebracht werden.

Langzaam maar zeker kwam de rupsband met de hulp van een krik plat te liggen.

' Flink van ons , slechts drie dagen. Nu de andere nog.'

Zuchtend vatte het team opnieuw het werk aan.

Na de laatste vis, kreeg Betty de opdracht om iets proberen te vangen .Voedsel was onontbeerlijk geworden bij het zwaar werk.

Gewapend met pijl en boog liep ze dagelijks rondjes rondom de Queen, waarbij ze regelmatig wat kon neerschieten tot vreugde van het team.

Als het laatste stuk haas was opgegeten, maakten ze zich klaar om te gaan slapen.

' Morgen kunnen we proberen.'

' Perfect want ik heb skisporen gezien. Niet zo jong meer , maar ze zijn er wel. Ginder .'

Ze wees naar een paar struiken met een eenzame boom.

' Daar komen we niet . We moeten achteruit, de stapels gaan de Queen met vracht nooit houden. Veel te zwaar.'

'Ik heb onze wagen in de put gereden , dus ik haal hem er weer uit.'

' Olaf voorzichtig man. Je hebt twee aanhangers , we kunnen die niet loskoppelen.'

' Rich , we hebben slecht één kans vriend. Als het niet lukt hebben we problemen. Niemand van ons kan of wil een tweede dam bouwen. Ik ga wel de schep als duwmiddel gebruiken. Ga maar allemaal ver genoeg staan, je weet nooit wat de tracks met de stammen gaan doen.'

Om de ramen ijsvrij te maken startte Olaf de motor.

Een half uur was er nodig om de cabine warm te krijgen.

' Oké , nu of nooit .'

Olaf zette de versnelling van de voorste rupsbanden in de laagste stand, de achterste zouden het meeste werk moeten doen.

Met man en macht werd de sneeuw rond de achter tracks verwijderd.

' Oké kom maar, meer kunnen we niet weghalen . Succes .'

Krakend kwam de Queen opgang, waarbij de gestapelde stammen angstig werden nagekeken.

Terwijl hij de schep liet duwen, reedt Olaf voorzichtig maar zonder stoppen achteruit. Ondanks dat de ramen allemaal open stonden liep het zweet van zijn rug.

Hij hoorde houtblokken verschuiven, buiten begon het team te roepen .

'Prachtig man, je bent er. Goed gedaan .'

Bevend steeg hij uit om naar de weggeschoven houtstapel te kijken.

' God Jumenas , dit kost me enkele jaren van mijn leven.'

' Ja skatt dat kan . Je hebt wel leren spreken, want voor het eerst zei je Jumenas correct.'

Dirk had achter de wagens staan kijken of alles goed verlopen was.

' Mag ik even de vrolijkheid onderbreken. Ik ben even gelukkig als jullie dat we voort kunnen , maar we hebben een beetje pech.

De dieseltank is zijn trekstaaf kwijt , enfin verbogen . De tank bewoog niet door de massa sneeuw die er rond ligt .'

Ze gingen kijken naar de aanhanger die nu bijna niet meer te vervoeren was.

'Het wil weer eens lukken. Wat nu ? Gewoon alles voltanken wat kan, de rest voor de Eskimo's laten, of proberen te herstellen?'

' Wat denk je Frank ?'

' Niks van. Maken dat we hier weg zijn. We hebben geen eten meer, maak dat we bij het meer zijn . Voor mij is het genoeg geweest.'

De tank werd afgekoppeld, waarna de Queen werd volgetankt.

Hongerig vielen ze op de zetels , om met een angstige blik de reserve brandstof achter te laten.

'Olaf ! Noordwaarts vriend en snel a.u.b, laat de rest uitkijken naar voedsel.'

De Noor keek eerst op de bladzijde van het atlasboek waar het meer op stond, om de ligging van de grote baan in te schatten.

Vol vertrouwen zette hij het kompas op de juiste stand .

'Ziezo nu nog alleen het pijltje volgen.'

Ze moesten niet al te lang geduld hebben, de snelweg lag veel dichterbij dan ze dachten, wat bij allen een zucht van verlichting teweeg bracht.

Het nadeel was dat er weinig of geen groot wild te zien was tijdens de haltes .

Ze besloten daarom dan maar om zo snel mogelijk verder te rijden.

' Kijk eens auto's op de baan.'

Steeds meer en meer verlaten voertuigen van allerlei slag stonden in de richting vanwaar ze kwamen.

Na een uur wees Jacky vooruit.

' Daar een benzine station , zullen we stoppen?'

' Dat zal de oplossing zijn voor alle verlaten auto's . Geen brandstof meer, dat zijn waarschijnlijk allemaal vluchters geweest . Hopelijk vonden ze een schuiloord.'

'Toch stoppen , met wat geluk hangt daar een wegenkaart. Die zal wel beter gedetailleerd zijn dan ons toilet papier.'

Dirk ging voorzichtig rondkijkend het gebouw binnen, om wat later met een fotokader buiten te komen.

' Hier kijk, de eerst afrit is voor ons . Vent rij van de grote baan af zodat we wat eten vinden.'

Na nog een uur begon Dirk zenuwachtig te worden.

'Olaf ben je de oprit niet voorbij? Dat duurt zolang.'

'Dirk ! We zijn niet thuis waar alle twee scheten een afrit is. Die is wild country vent , we vinden de afslag wel.'

'Sorry , maar ik heb zo'n honger .'

'Man van mij , wij allemaal. Doch zolang we rijden en lawaai maken gaan we geen wild vinden. De dieren horen zeer goed en zijn dit niet gewoon. Zelfs onze gefokte rendieren zijn steeds bang van de sneeuwscooters. Ofwel rijden we, ofwel een dag niet doen, zelfs niet teveel bewegen, dieren zijn schuw.'

Betty wees naar een hoop gestapelde stenen langs de weg.

'Samenland , je komt direct aan de afslag.'

Zoals voorspeld kwam even later de afslag in 't zicht.

Dirk opende het raam en begon te braken van de honger.

'Als dit nog lang duurt , snij ik mijn onderbeen af en bak het met wat uien.'

Frank zag dat Dirk er heel slecht aan toe was , toch moest en zou hij ondersteunend antwoorden: 'Waarde vriend, dat zal niet gaan. Hoe graag ik een stuk van jou wil opeten , het spijt me. Er zijn geen uien meer .'

Olaf stopte omdat een andere chauffeur moest overnemen.

Niemand maakte ook maar één beweging om dat te doen , tot Richard zich kreunend rechtzette.

'Rust maar wat Olaf , je deel zit er op. Vooruit voor de laatste 500km.'

Het landschap werd groener naargelang ze uren voort reden ondanks dat de meteo wat anders vertelde.

'Het vriest nog flink , toch smelt het ijs . Bizar.'

Het landschap werd licht heuvelachtig, het veranderde ook van gewassen, steeds meer bomen verschenen in hun blikveld.

'Hola wat is dat ?'

Richard remde wat af om dichterbij het obstakel te komen.

Ondanks het ontbreken van enige zin om te bewegen, waren ze allemaal oplettend geworden.

' Zie nu , dat is een mens.'

Het gedaante was weggestoken onder een zware dierenpels.

De armen voor het lichaam gebogen stelde hen gerust , toch letten ze op het jachtgeweer dat in de plooi van de arm lag.

' Dat is een man.'

De man kwam langzaam dichterbij , tot aan de Queen was er geen stukje huid te zien bij hem. Hij nam zijn zelfgemaakte bril van een dierenbot af , zonder enige emotie wees hij op de Queen en zette een vinger tegen zijn lippen.

Richard zette de motor af zodat het plots muisstil was.

Hij opende het raam waardoor koude lucht de cabine vulde.

' Gegroet vreemdeling, wij zijn van heel ver gekomen om een familie te zoeken . De Familie Lisakki, weet jij die wonen ?'

'Eveneens gegroet vreemdelingen. Je spreekt onze taal, wees dus welkom. Doet je familie dat ook ? Maar om op je vraag te antwoorden , het is ja. Volg me , ik wijs je de weg.'

' Rich vraag om eten a.u.b . ik zal dan voortaan heel beleeft tegen Frank zijn.'

De man stak de heuvelrug over , gevolgd op veilige afstand door de Queen.

Een slee geladen met hout stond daar te wachten. Zonder om te kijken reed de man naar het bos toe.

' Mensen er brand daar een vuur, ik zie ook twee tenten staan.

Met wat geluk hebben zij wat voedseloverschot .'

Richard stopte op respectabele afstand, zette het machine uit om moeizaam en zuchtend zijn parka aan te trekken.

Ze verlieten allen de Queen om schuifelend naar de tenten te gaan.

Enkele jonge mensen kwamen hen ondersteunen tot het vuur, waar ze allen op een met pels beklede houtblok gezet werden.

Twee vrouwen bedeelde ieder met een tas soep.

' Man van mij rustig eten . Als ze zo vlug eten uitdelen is er genoeg.'

De man was in een tent verdwenen, hij kwam even later terug zonder pelsjas en geweer.

'Dat heeft wat geduurd. Rijden jullie altijd de ganse wereld rond om op bezoek te gaan ? We horen jullie al dagen rondtoeren.'

Het team was zo aandachtig met het gekregen voedsel bezig dat ze zelfs niet merkten dat hij Engels met een grof accent sprak.

' Mijn favorieten zijn er ook bij . Goedle , Jacky, Petra. Welkom opnieuw dames.'

Omdat ze rechtstreeks werden genoemd, bekeek Goedle de man beter.

'Lisakki, god zij dank' Goedle wou opstaan om hem te zoenen.

'Rustig maar, eet en rust. Mijn zonen hebben een jong rendier van eigen stal laten klaar maken. Dus eet en wordt weer

gezond. Ik moet verder, de kudde wacht niet. We zien elkaar weer bij het meer, dan praten we verder.'
Hij glimlachte naar het groepje ellende wat ze samen waren.
' Ik laat ook de zweet hut bouwen , dat zal nodig zijn.'

Nog twee dagen bleef de Queen stilstaan , twee dagen waarin ze zo goed mogelijk verzorgd werden door de Samen familie. De voorbije miserie werd slechts een schimmige gedachte, die veilig weggestoken werd in het memoireshoekje van hun hersenen.
Eén van de jongeren kwam mee met hen, zodat niemand de weg moest zoeken zei hij lachend.
De volgende middag ontwaarden ze rook aan een meer. Verwonderd dat ook hier veel groen te zien was, vroeg Richard het aan Betty, die het aan de jongen vroeg.
'Er staat een berg tussen het meer en de ijs muur, hier is er steeds wat groen voor de kudde.'
Lisakki wees Richard aan waar ze de Queen konden parkeren.
' Tegen de Roesh , die zoeken soms rendieren. Ze moeten je wagen niet zien staan.'
'Zullen we er dan snel een garage voor bouwen ? We hebben motorzagen bij .'
' Kom , we gaan praten . Je kan daar ook je woning maken.'
Aan het vuur zaten alle aanwezigen benieuwd naar de bijna fatale tocht te luisteren. Het merendeel moest door Richard en Olaf vertaald worden.

'Mag ik zeggen dat jullie een zeer goede geest op je schouder hebt zitten .'

' Betty 'zei Jacky:' zonder haar waren we nu al permafrost lichamen.'

' Ze sprak nog niet veel , toch denk ik dat zij een Samen is. Wie ben jij vrouw?'

Ze aarzelde om te antwoorden, maar een duw van Dirk hielp haar beslissen.

' Dank je wel meneer , bedankt dat je me een vrouw noemde . Ik ben nu Betty Gielasz . Dit is mijn man Dirk, verkregen met de toestemming van de mama's die mij onderweg hun taal en gekke gebruiken hebben aangeleerd.

Mijn inbreng was niets in vergelijk met wat dat de bosgeest voor ons deed. We kregen steeds wat te eten van haar, spijtig genoeg was dat de laatste dagen wat minder.

Ik was Babty van de familie Borg. Die jonge dame is zonder problemen overgenomen door mij.'

De man boog licht met zijn handen voor het gelaat

' Dan zal de stam van Borg verdwijnen .

Je bent één van de laatste prinses. Wij zullen je Betty Gielasz noemen . Wees wel gekomen.'

De avond begon al te vallen bij het beëindigen van hun verhaal.

Lisakki riep twee van zijn zonen :' luister goed naar Olaf.

Neem morgen de vrachtslee, ga en breng dat hout naar hier.'

' De tankwagen krijg jij ook niet naar hier denken wij .'

' Tankwagen ! Wat bedoel je ?'

' Een aanhangwagen voor 600 liter die de boeren gebruiken om water naar de weide te brengen. Die staat daar ook met nog brandstof in.'

' Heilige bosgeest. Richard man dat is meer waard dan al mijn dieren samen.'

Hij nam zijn zoon bij de mouw vast.

' Vergeet dat hout , breng eerst die brandstof. Neem je broers mee .Voorlopig gaat hier toch afvalhout zijn. We gaan hutten bouwen, zeker nu we snelwerkend gereedschap hebben.'

' Lisakki wacht even , we kunnen met de Queen terug . Met voldoende mankracht krijgen we de tank misschien in onze wc wagen.'

' Neen teveel lawaai, en je laat sporen achter voor de Roesh. Die moeten niet weten dat we hier zijn , anders weer gezever.'

De man dacht even na .

' Ik heb een vraag die mij sinds wij jullie spoor kruisten bezig houdt . Waarom gooien jullie al je meststof op een hoop , zelfs met vrouwen doeken erop. Waarom niet gewoon in een bos daar leven de mindere dieren dan van.'

'Kom en kijk .'

Verwonderd stond hij samen met Richard naar de primitieve wc te kijken.

' Oké begrepen. Warm en ongevaarlijk. Zo zie je maar Richard dat samen werken, mensen doet overleven. Morgen tonen we dat aan de bosgeest bij het bouwen van onze hutten.'

' Heb je dan geen angst dat de Roesh je hier gaat bestelen , zoals jij bij hen ooit deed ?'

Lissaki begon uitbundig te lachen wat de aandacht van de

andere trok.

' Ja dat was toch leuk. Zeker toen jullie de Russische grenspolitie wijsmaakten, dat je de 200 dieren slechts had geleend voor een filmopname. Je moest alleen volwassen dieren hebben. Prachtig .

Neen zover komen ze niet, dit is Finland. Trouwens er is al eens een patrouille verdwenen zonder een spoor achter te laten. Dan herinneren zij ginds plots wereldoorlog twee.

Mijn grootvader zei altijd, dat er toen meer Russische kak in de bossen lag dan van al de rendieren samen. '

' Toch was Betty met vriendinnen ontvoerd en haar familie gedood.'

' Dat waren geen Roesh , dat waren mensen uit de goulash. Vuil schuim van de mensheid, ook verdwenen als mist in de zon.

Richard, laat ons nog even van de sterren genieten bij het vuur en nog wat vertellen , dan komt de morgen sneller.'

Om niemand extra te belasten sliepen ze voort in de Queen tot er blokhutten klaar waren.

Ze lieten de eerste rijen bomen op hun plaats , zodat er toch wat bedekt bleef voor de buitenwereld. Het complex zou achter en onder bomen staan.

'Weet je wat! Hoe je het ook bekijkt, onze witte verhuiswagen behoeft nogal een afdak. Zullen we er een Noorse vergaderzaal aanbouwen met slaapvertrekken, dan zijn de vier hutten later voor Lisakki zijn familie.'

' Goed idee Frank, we zullen wel van overal een boom moeten halen , anders staat er hier straks geen één meer.'

Betty schonk hen allen een glas thee in.

' Prima idee Frank. Maar eigenlijk moeten we een geschenk voor hem zoeken, dat past bij al zijn hulp . De Samen zijn er zeer gevoelig aan.

Daarom willen wij het zwaard van Gregor weggeven als dat mag, het is tenslotte een huwelijksgeschenk.'

Petra lachte hardop: ' Dirk, je kan daar toch geen wortelen met schillen. Ik vind dat een uitstekende idee , geven maar.'

Olaf kon daar ook met leven , het was toch een onhandig ding.

'Rich en ik dachten aan een kettingzaag. Hij haalt toch de mazout op.'

' Ja zeg ! Hoe dikwijls gaan die over en weer rijden met twee jerrycans ?'

Het antwoord stond enkele dagen later voor de bouwwerf.

De zonen hadden gewoon de dissel verwijderd om de wagen in te spannen in een rendiergareel. Zes dieren hadden de tank zonder moeite tot bij de familie gebracht, om dan rechtsomkeer te maken met vrachtsledes voor het hout.

' Zoals Betty dikwijls zei . Een goede jager laat niets achter.'

De Queen ging op rust, bomen werden van overal aangebracht met de hulp van rendieren.

' Vrienden dank je wel met jullie geschenken. De zaag gaan we echter slechts tijdens het bouwen gebruiken. Teveel lawaai doet het wild weglopen , en ander ongewenst wild naderen.

We hoeven hier geen Roesh noch ander gespuis op bezoek te hebben.'

Met de kettingzagen ging het werk vlot vooruit, zodat het team zich snel in hun nieuwe verblijven kon instaleren.

Tussen de vier huizen in was een vuurkuil gegraven zodat vlammen niet te vlug op te merken zouden zijn.

Betty stond van binnen naar Dirk te kijken, die ondanks het nacht was bij het vuur zat.

Even later voegde Olaf zich bij hem en wierp een houtblok op het vuur waardoor vuurgensters naar de hemel stegen.

< Zo Dirk nog op ? > < Yep > < Heb je pijn ?> < Neen ,'t Is raar .> < Mag ik het weten ?'>

' Olaf vriend, weet jij hoelang wij al bijeen zijn in één kamer, of in één auto ? Daar vriend in die blokhut voel ik me alleen.

Ja ik weet het wel, Betty is daar ook. Maar toch.'

Olaf nam Dirk bij de arm: ' Jij niet alleen vriend , jij niet alleen.

Toch zullen we onze oude dag hier moeten doorbrengen.

Trouwens zelfs als het vlot moest gaan om terug te gaan, bleef ik toch hier.

Voor mij mag iedereen in Brussel verreken die ons kapot wou.

En ik Olaf Räven beloof dat ik tot mijn laatste scheet deze mensen tegen alle gespuis zal verdedigen.

En vriend, hopelijk is dat niet nodig, en sterven wij allemaal rustig op onze oude dag.

Ik wil wel naast de Queen begraven worden als het kan, die heeft meer mijn leven gered dan wat ook ter wereld.''

' Dan zal ik maar gaan slapen . Ik veronderstel dat je morgen voor het licht weer wil ontbijten., om dan snel weer aan 't werk te kunnen .'

Voor het volop licht was zat Dirk het vuur aan te wakkeren

' Gegroet de thee staat al warm.'

Het team nam het ontbijt in stilte, ze hadden die nacht allen de klacht van hun makker gehoord.

Dirk stond als eerste recht, wat het team verwonderde , zoiets was nog nooit gebeurt in het verleden.

Kom op doorslikken, we moeten nog een berg werk verzetten.

Oktober 2056

'Zeg man ! Dat is nogal een blokhut.'
De vrouw keek door haar geweertelelens naar het huis dat een kilometer verder achter de bosrand gebouwd was. Een grote boom ernaast was uitgekapt als een totempaal.
De wat oudere man bezag de woning met wat andere ogen.
' Volgens mij bouwden de Vikings zo'n hutten.
Eén gemeenschappelijk vergaderzaal voor alle aanwezigen.'
Ze bleven aandachtig de omgeving bestuderen, zelfs een beetje angstig voor het onbekende wat ze nu bekeken.
' Zie je daar ook de schuur, en de andere woningen.'
'Ja natuurlijk meisje, de blokhut met schuur domineert de omgeving. Ze zijn volgens mij gemaakt met de hier gekapte bomen. Die andere hutten zijn eveneens van dennenbomen gemaakt , die zullen niet voor één nacht dienen.'
' Oh kijk .'
Vier figuren gekleed in de kleurrijke kledij van de Samen liepen naar een eveneens uit boomstammen gemaakte tafel waar ze begonnen te kaarten.
De jonge vrouw sloot de telelens af.
'Zullen we toch maar naar daar rijden. Hier in de natte sneeuw liggen spioneren is ook niets.'
De man knikte haar toe, hij stond op om naar een terreinwagen te wandelen.
' Kom we zullen het vlug weten.'

Eén van de kaarters spreidde zijn kaarten op tafel.

'Kom lozers kassa, ik win.

Ze zijn op komst , ik hoor de wagen.'

Verborgen onder de tafel werden pistolen opgespannen .

' Goed ! Wie ook de moeite doet om mijn siësta te verstoren moet wel met heel goede kaarten komen.'

Ze bleven de naderende kleine wagen in 't oog houden.

' UNO materiaal. Ben eens benieuwd .'

Op veilige afstand kwamen beide mensen uit het voertuig.

Niets verried wie of wat ze waren door de warme kledij die ze aanhadden.

' Gegroet , wees welkom jullie beiden. Ik heet Dirk en heb al een preek voor jullie .

Slechte jagers zijn jullie, wij weten al twee dagen dat je hier rond neust. Je vervoer maakt meer lawaai dan Olaf als hij slaapt. Als je het niet moest weten , slechts de wind maakt hier lawaai.'

De man begon onbedaarlijk te lachen.

' Twintig jaar, twintig jaar is het geleden, toch moet één van hen weer gek doen.'

Verbazing maar nog meer vreugde overviel de mannen aan tafel met het Nederlands dat plots gesproken werd.

Richard stond recht om op de nieuweling toe te treden.

'Verdomme vent, ken je ons? En Antwerps ! Kom je daar vandaar? Wel een hoop raadsels.'

De man deed zijn helm en zonnebril af.

' Natuurlijk Rich , wie anders komt er tegen jullie achterste trappen omdat je hem vergeten bent te komen halen.'

De man boog : ' Ze noemen mij Louis van de koepel.'

Met vier gelijktijdig sprongen ze op Louis toe om hem snel te knuffelen.

Dirk was de eerste om tot bezinning te komen.

' Sorry Louis. Geen brandstof meer, de Queen ligt droog sinds onze aankomst hier.

Maar jongen , we zijn heel onbeleefd geworden hier in deze poesta. Stel je partner eens voor .'

Het gelaat van de jonge vrouw kwam hen niet bekende voor.

De jonge vrouw opende haar jas, waarna een schittering hun aandacht trok.

' Neen ! Dat kan niet. Een Kristalen vlinder. Loesje.

Mijn petekind .'

Voor het eerst sinds lang begonnen de mannen zich meer dan ongemakkelijk te voelen .Tranen welden op bij alle vier.

Olaf nam haar op alsof ze niets woog en gaf haar een smakkende zoen, om dan met haar in de armen naar de blokhut toe te wandelen.

De tranen welden op bij de berserker, die gevolgd door andere tranen makers naar de blokhut toe wandelden.

' Niet te geloven , hoe bestaat zoiets ?'

Binnen hoorde Loes vrouwen vrolijk kwetteren, dat stopte bij zijn roep > Volk , schoon volk.<

Een wat oudere vrouw kwam tot het stel en bekeek Loes.

Ook zij kreeg de vlinder in't oog waarop ze een gil liet om de andere vrouwen te alarmeren.

'Jacky ; Petra we hebben bezoek. Loesje is hier.'

Een gekletter van vallende voorwerpen was de voorbode van

de aanstormende vrouwen.

Loes die niet verwacht had om alle teamleden ooit te ontmoeten, stond te beven van vreugde.

Drie paar oude handen vochten om haar te betasten en te strelen.

'Loesje hoe is dit mogelijk? Wie had zoiets ooit gedacht .

Hoe kom jij hier, zover van huis. Kom je moet ons alles vertellen.

Je hebt tijd genoeg het wordt winter, maar toch liever vandaag.'

' Skatt ! Dat zal nu niet gaan, buiten wacht nog een jonge man op jullie kreten en kussen.'

' Wat ! ' Petra sloeg tegen de borst van haar man.: ' Ga je nu zeggen dat ook Louis hier is ? Kan je dat niet sneller zeggen.'

Olaf knikte, wat nauwelijks door de vrouwen werd opgemerkt zo snel liepen ze naar buiten om Louis uit de handen van de mannen te halen .

Louis wist niet echt wat hem overkwam, zoveel aandacht en liefde was heel lang geleden voor hem.

Bij hem binnentreden van de woning stak hij dan ook zijn handen op.

'Dank je wel voor het onthaal. Maar als jullie allen te samen kakelen, dan versta ik niets. Zeker als jullie in een raar taaltje praten .

Ik ben maar een simpele Antwerpenaar, die slechts zijn dialect spreekt en nog wat koepel dialecten.

En nu komen er duizenden vragen, ook van ons uit.'

Een familie betrad de blokhut, allen gekleed in dezelfde

fleurige kledij.

Richard sprak de mensen aan, wees naar beide nieuwkomers om hen dan voor te stellen.

'De Familie Lisakki, onze redders in nood. Zij heten jullie welkom als je de wetten van het dorp respecteert.'

' Mag ik hen de hand schudden , of is dat onbeleefd ?'

'Ja natuurlijk, dat is een mens zoals wij . Let op . Hij spreekt vrij goed Engels, maar wil hier geen vreemde taal horen. Alleen hier in onze blokhut mag dat. Je zal als je blijft dus hun taal moeten leren. Hij wil de eigenheid van zijn land niet verliezen door andere talen te spreken.'

Lisakki lachte Louis toe, om met een vreemd accent hem in het Engels toe te spreken.

' Welkom vreemdelingen. Jullie hebben heel wat bij te praten, wij komen later als je voldoende van onze taal gebruikt naar je verhaal luisteren.

Maar voor je verhalen komen zet je eerst het vervoer onder de bomen.'

Daarna verlieten de mensen de hut, gevolgd door Louis die de wagen naast de Queenloods parkeerde.

Frank had al borden en tassen op tafel gezet, die door een jongere vrouw gevuld werden met aromatisch voedsel.

Dirk gaf ze een zoen op de wang.

'Mijn vrouw Betty, sinds we hier wonen mijn eigen knuffel. Het eten proeft in het begin wat vreemd, maar hier zijn geen supermarkten . En nu praten .'

' Gij zijt ne platte , wij willen ook de reis van je leven horen .'

' Straks . Begin maar bij ons vertrek.'

Louis ontdeed zich van de Poolkledij, rekte zich uit en keek de tafel rond.

' Oké , gewoon omdat jullie toch altijd alles beter weten , dat leerden we wel in de metro.'

' De Queen was nog niet achter de horizon verdwenen of de stropers waren er al.'

' Zie je wel, ik heb gelijk dat er al dieven te zien waren.'

' Dirk hou je wafel en luister, straks weet je weer niet wat vertelt is.'

'Dat zie je van hier bleke soepselder, ik heb veel teveel vragen. Maar doe maar Louis , ik zal me proberen in te tomen.' Een helle lach onderbrak hem :' Het is dus toch waar wat ma vertelde over de kok en zijn Poolse krabpaal.'

' Wees welkom Loes bij het gestoord duo, die twee zoeken al jaren naar de beste pesterij waar de andere niet meer kan op antwoorden. Maar we wachten op jullie reisverslag.'

Loes schudde nog even met haar hoofd .

' We werden dankzij Ella haar medicijnen in het begin beter verzorgd dan anderen , tot de zak vol met wonderen leeg was. Daarna vloog zij zoals alle nuttelozen naar de voedselbank om te helpen kweken .

Ja kweken. Overal worden onder de grond en waar mogelijk groenten gekweekt.

Jan de barbaar heeft op alle gebouwen de zonnepanelen laten weghalen om zo voldoende stroom voor de tunnels en groente kwekerijen te hebben .'

'Je moet niet vragen hoeveel dodelijke ongevallen daarbij zijn gebeurt . Inbegrepen Ella en mijn pa.'

' Oei ! Dat klinkt niet echt mensvriendelijk, wie is die man ?'

' Dat is een bekende van je oom. De ex man van je ex vrouw. Moest je nog boos op haar zijn, vergeef haar. Mia is ook veroordeeld tot de kou zoals zovelen voor haar.

Jan de barbaar heeft met zijn soldaten de regering opzij geschoven en beheerst nu zowat gans Vlaanderen.

Eén pluspunt voor hem, hij heeft er voor gezorgd dat op alle hoofdwegen minstens één rijbaan ijsvrij gemaakt is en blijft .' Met een zucht voegde zij toe.

'Ondanks de talrijke doden die daar jaarlijks bij vallen.

Volgens hem zijn het allen misdadigers , zelfs voor het stelen van een blad sla kan je ophoepelen, helaas wel zoals je gekleed bent.'

Goedle streelde onzeker geworden door het verhaal, Loes haar hand .

' Loes is het ginder dan zo gevaarlijk geworden ? Dan ben ik blij dat ze ons niet vinden.'

' Tante , ze weten jullie perfect zitten . De warmte van de auto uitlaten was voldoende om je te volgen. Moest het dichtbij zijn met niet zoveel kosten aan brandstof en voedsel, dan kon je beter verhuizen ; liefst te voet.'

' Loes noem mij maar gewoon bij mijn naam, dat spreekt makkelijker. Wil je ons vertellen hoe je dat weet ?'

Louis dronk nog eens van zijn soep om opnieuw het woord te nemen.

' Mia werd eigenlijk een beetje onder drang tot seks met Jan

de barbaar gedwongen . De keuze was simpel, dat of buiten.
Toch heeft ze ons zolang het kon gevolg. Ze zorgde ook dat
wij ingelijfd werden bij de kadetten, daar kreeg je drie keer per
dag een redelijke maaltijd. Eerst deden we dat tegen onze zin ,
maar nu blij dat we het aannamen.'

'Ik kwam bij de buitenploeg terecht, dat wil zeggen dat we
mensen die nutteloos zijn, tot de ijsvlakte begeleiden.
Daar krijg je dan wekelijks naargelang het aantal, een zakje
astronauten voeding boven op je normaal rantsoen voor.'

' Mia leefde toen nog in de bunker waar zij jullie tocht kon
volgen via warmte camera's in de satellieten.
Er was wel een tijd dat ze jullie enkele keren niet meer vonden.
Er werd gedacht dat allen dood waren tot er de laatste maal
slecht één wagen terug opdook.'
Olaf klopte op tafel .

' Dus onze blizzard pech heeft hen verward, maar ook tijdens
ons verblijf aan het meer . Goed zo.
Maar vriend , mensen naar de dood begeleiden dat lijkt al eens
gedaan te zijn in vorige eeuw. Voel je u niet schuldig ?'

'Neen vriend Olaf, ik denk niet dat er ook maar ene door
mijn daden gestorven is. Er bestond een escape lijn opgericht
door Mieke en wat andere brave mensen, ze verwisselden die
gestraften met doden uit de tunnels.
Maar ook dat mag niet, ze zijn verklikt voor wat eten.
Ze zijn om hun menselijkheid ter plaatse dood geschoten.
Dat deed bij mij de zekering springen .'

' Loes die bij de jachtclub ingedeeld was, weet waar de zakjes
voedsel opgeslagen zijn, ze heeft zowat het plan om naar hier

te komen ontwikkeld.'

' Zo Loes ben jij een konijnenvangster geworden ? Dat kan hier van pas komen .'

Ze legde haar wapen op de tafel .

' Dit is een FN- SPR -7,26. Gestolen bij de Barbaar politie. Niet om op konijnen maar om alle klootzakken die ons tegen hielden neer te leggen. Mijn jacht geweer was een Stoeger luchtkarabijn en later bij meer kunde en succes een singelschot punt 22.'

Betty kwam vragen of ze nog wat nodig hadden, anders ging ze naar haar blokhut .

' Hé Dirk, ik dacht dat Betty je vrouw was.'

'Is ze ook vriend, maar ze woont niet graag bij de Noormannen. Neen man, dat is een grap. Het gebouw is snachts 's te groot voor haar. Teveel plaatsen waar een verkeerde geest kan wonen.

Dus verhuis ik straks ook naar ons eigen nestje, als het niet te hard sneeuwt toch. Maar ga verder , ik krijg het wat benauwd van je verhaal.'

'Loes was dieren opruimster. Zowat de beste rond Antwerpen. Door de dooi die er een tijd heerste , kwamen er lijken boven het ijs uit waar teveel dieren van kwamen eten . Met resultaat, een explosie van alle lijken etende viervoeters. Ze kreeg punten voor het doden van alle soorten vreters, die ze kon inruilen voor de befaamde zakjes.'

Loes boerde luidop .

' Wij denken dat alle gedode dieren verwerkt werden als mensen voedsel, gewoon om de reden dat er regelmatig

hamburgers verdeeld werden aan de bevolking. Iemand wist zelfs te vertellen dat mensen ook eetbaar zijn .
Maar nooit gezien nog geproefd.'
' Got jumnas ! Wat een wereld is het daar geworden. Goed dat ik hier woon, of ze hadden mij ook het ijs opgestuurd.'
' Olaf jij niet alleen vent. Ook wij zouden allang uiteen gereten knoken zijn .'
Goedle nam de hand van Loes wat steviger vast alsof ze die nooit meer zou loslaten.
'Maar toch zijn jullie naar hier geraak . Lieten ze jullie gaan om bij ons te geraken ?'
' Goedle niet teveel vragen anders heeft de soepboer weer wat te klagen. Maar ik ben ook zeer nieuwsgierig hoe jullie met dit ding naar hier geraakten.'
Loes pinkte naar hem :' Niet moeilijk peter van mij.
Planning en de kans krijgen om het uit te voeren is het voornaamste om te lukken.
Je moet klein beginnen om de voornaamste sukkelaar een blinddoek voor te binden.
Ik bracht op een dag een ree mee. Dat dier zat in een klem dus schoot ik het dood. Bij levering zorgde ik ervoor dat de barbaar het zag. Het zal wel nooit als hamburgervlees gebruikt zijn.
Het leverde me veel punten op, met de opdracht dat zoiets wel intrek was bij hem.
Mijn protesten dat die dieren niet vrij leefden in Vlaanderen wimpelde hij af . Ik moest maar een terreinwagen nemen om verder te zoeken.'

'Hahahaha : Heb jij een rijbewijs ? '

' Nee Richard maar Louis wel, en zo zijn wij een nieuw team geworden, wat we eigenlijk allang waren.

Om zeker te zijn dat het geen valstrik was, hebben we maanden gezocht, en soms gevonden wat meneer de leider wenste.'

' Prachtig verhaal Loes , maar ikzelf ben jaren jager geweest en weet wat er allemaal leeft in ons bevroren land , en tevens één van de overlevenden van een tocht door ijs , blizzard en wilde dieren. Het lijkt me toch zo makkelijk als ik jullie hoor.'

' Oom Richard dat het was het ook, hoe ongelofelijk het lijkt.'

' Hoor je wat je zegt ? Je noemt iedereen bij zijn naam , maar als ik een opmerking maak ben ik plots je oom.'

' Sorry, mijn ma zei me al dat jij zowat de harde denker van het team was , ook steeds wantrouwig zou zijn en blijven.'

Richard boog zijn hoofd :' Loes dankzij mijn wantrouwen leven we allen nog. Maar ik zal je verhaal aandachtig volgen, maar zeker al reeds mijn sorry uitspreken. We luisteren aandachtig.'

Louis zag wel dat door Richards opmerking er meer spanning bij de anderen heerste.

' Juist ! Sorry , maar eigenlijk heeft Rich gelijk .We komen hier binnen gevallen in een dorp waar al jaren vrede heerst , zonder alle wrede uitspattingen die wij al jaren ondergingen. Misschien had Loes je al omgelegd in dezelfde situatie.

Twaalf jaar oud was ze bij het intreden bij de snipers.

Haar eerste wapenopleiding bestond erin om op lijken te vuren. Doel, een oog raken. Haar doel was mijn ma.

Wat denken jullie wat zoiets doet met een mens.?
Godverdommen we zijn hier weg ; bedankt voor de soep .
Kom Loes afruimen.'
Een fijne glimlach speelde op haar gelaat.
' Maar skatt ! Mijn oom is in mijn val getrapt. Moest hij niet
gereageerd hebben zou ik meer angst krijgen.
Kom eens hier oude Berserker. Dank je wel om niet zomaar
alles als normaal aan te nemen.'
' Hier zie nu , die oude knor pot krijgt een knuffel, maar de
sponsor van je reis niet .'
' Mensen , vrienden , ooms en tantes . Geloof mij, we zullen
nog heel de winter verhalen kunnen vertellen die je nooit gaat
geloven. Helaas is het zo.'
' Mijn Poolse tong zegt soms meer dan normaal zotte praat .
Doch Dirk de zotte Pool zijn grijze massa denkt soms na.
We luisteren nog steeds.'
' Sparen is het toverwoord. Omdat wij als jongelingen van
alles moesten uitvoeren wat niet normaal is, kregen we steeds
zakjes die we vanaf Loes haar achttiende opspaarden.
We berekenden dat wij ongeveer meer dan een jaar nodig
zouden hebben om aan jullie snor te trekken. Niet echt
moeilijk als je het adres hebt. Loes stal een doos zakjes
waarvoor een overleden vrouw opdraaide, geen kunst met
alle dope die ze allen snuiven.'
Loes begon onbedaarlijk te lachen: ' Je moet niet vragen hoe
gezond de Junta is. Om aan onze terreinwagen te geraken
werd het dus meer dan makkelijk. In het vooruitzicht van een
groot edelhert, kregen we een steviger ding toegewezen , wat

we beladen met alle gespaarde en gestolen zakjes.

Voedsel voor twee jaar was voldoende om Louis kracht te geven om jullie billen blauw te zetten.

Gelukkig sneeuwde het fel zodat er geen kat kwam kijken wat we deden , het gaf ons de kans om nog wat spullen te stelen.'

'Juist en het gekke is dat we veel sneller naar hier geraakt zijn dan we verwachten. Dooi doet wonderen met de natuur.'

Richard zat met zijn pistool te spelen dat op tafel lag.

' Wel ik moet zeggen dat het je verhaal goed voorbereidt is. Mag ik nog één opmerking maken ?

Benzine groeit dat tegenwoordig aan de bomen, want na zoveel jaren zal er niet veel meer op te pompen zijn.'

Louis keek de tafel rond, om dan meer ontspannen in de stoel te gaan zitten.

'Juist brandstof. Wel ik begrijp dat jullie hier in de wildernis van alle nieuws verstoken zijn, of het zelfs niet moeten of willen weten. Maar er is opnieuw brandstof voorradig, mondjesmaat in bijna gans Europa, wel westerse landen. Waaronder Duitsland en ons eigen land. Hier in het noorden hang je van Rusland af., die zullen wel niet echt vrijgevig zijn als er niets te winnen valt.

Doch het meest reden wij op batterijen , dat ding daarbuiten is een hybride jeep ontwikkeld om in de warme landen te gebruiken.

Yep! Nu ga je zeggen haha hier is het koud, dat maakt echter niets uit zolang de zon maar schijnt. Er zit twintig jaar ontwikkeling in sinds jullie verdwenen. De meeste landen hebben nu wel na één ijstijd begrepen dat de zon niet vervuilt.'

Goedle begon wat zenuwachtig te worden door al het gevraag van Richard.

' Rich stop eens met onze vrienden af te straffen, waarom zoveel vragen. Geloof je ze nu nog niet ?'

Richard nam de hand van zijn vrouw vast en kuste die.

'Skatt ! Ik heb het volste vertrouwen in hen, ik heb zelfs geen seconde gedacht dat ze liegen. Maar zo moeten we niet veel vragen stellen, we komen zo vlugger op de hoogte van de nieuw ijsvrije wereld.'

Met haar hand voor de mond zat Loes te lachen tot ze niet meer kon , om dan in een luide lach uit te barsten.

'Louis Skatt , we hebben nogal geluk. We kunnen samen van de televisie genieten zonder dat de nonkels ruzie moeten maken over de programma's. Wij kunnen rustig naar Tik –Tak kijken zonder hun bemoeienissen.'

Even was het muisstil tot de mannen door elkaar begonnen te praten.

De vrouwen stonden op om naar de grote stenenbak in het salon te gaan , waar houtblokken lagen te wachten op vuur.

Petra stak het houtvuur aan, waarna ze het zich gemakkelijk maakten.

' Hoor nu , ze weten zelfs niet welke programma's ze kunnen bekijken , maar maken al ruzie over welk land de wereldbeker voetbal kan winnen.'

'Vertel eens Loes , hoe het je verging.'

' Petra , miserabel. Louis verteld juist wat voor jullie nog juist aannemelijk is. Van de eerste jaren na de koepel weet ik niets , doch die ik wel herinner zijn op zijn zachts gezegd niet leuk.

Dood en de angst om veroordeeld te worden tot het ijs was alle dagen het ding dat je leven beheerste.

Tot ik als kind werd uitgekozen als snipster, want dan ben je van alle verplichtingen af.

Ze verkozen jonge kinderen , die zijn nog manipuleerbaar en stellen geen vragen. Dat was bij mij anders omdat Louis me met beide benen op de grond hield.

We deden ons ding om te overleven.

En dan wordt je 18 en ben je plots een lekkere brok seksvlees voor de heren van de Barbaarclub.

Zo zijn we dan hier geraakt . Louis sloeg mijn belager de kop in . Gelukkig voor ons was het plan al gesmeed , een extra doos zakjes stalen we ook van hem, het slachtoffer zou het toch niet meer opeten . Dit is zijn wapen, het heeft onderweg soms ons leven gered.

Spijtig dat ik niet weet waar mijn broer is gebleven na de dood van mijn ouders. Ik had gepoogd om hem mee te nemen.'

' Je hebt er dus nog een broer bijgekregen ?'

' Hij heet Callebaut en niet Smekens zoals ik , gewoon uit veiligheid na Pa zijn straftaak.'

'Loes ! Laat maar. We gaan wat drinken , hopelijk kan je maag zuivere petroleum verteren.

Je kan Aquavit of zelf gestookte whisky van Jacky krijgen.

' Ik heb nog nooit alcohol gedronken , maar laat maar komen. Ooit moet het de eerste keer zijn. Hopelijk is dit beter dan de eerste keer seks.'

De vrouwen schoten allen in een lach .

' Ssst Loes. Laat hen in hun droom wereld.'

De volgende dag werd de satelliet tv
in het salon neer geplant.
Louis installeerde een buisvormig ding van twee meter lang,
waarin hij een ronde cilinder stak.
' Zeg Louis dat zal maar een dun scherm zijn.'
' Geduld Dirk. Ik zei het al , je loopt eeuwen achter. Ondanks
het slecht weer bleven de wetenschappers bezig , ze hadden
toch niets anders te doen.
Dit is een super batterij die je slechts om het jaar via de zon
moet opladen in twee uur.'
De vrouwen stonden toe te kijken hoe de mannen met veel
ijver de vorderingen volgden.
Een lichtscherm van twee op twee verlichtte plots het salon.
Ze kregen een diadeem die op hun hoofd er voor zorgde dat
iedere taal ter wereld kon beluisterd worden via oortjes.
' Helaas is hier de ontvangst slecht . Rusland hé .
Slechts vijfhonderd zenders kan je ontvangen. Er zijn ook oude
serie's te bekijken over de natuur enz . Misschien zien jullie
jezelf wel op één van jullie documentaires .'
'Zo jongens tevreden ?
Wij vrouwen hebben alle kookprogramma 's al voor ons
gereserveerd. Tv wordt slechts na de dagtaken bekeken.
De eerste die daar tegen ingaat vliegt naar een buiten blok-
hut.'
' Zeg skattie weet je hoelang het geleden is dat wij nog een
matchke zagen.'
' Olaf Räven ! Je hoorde het vrouwen verdict. En !!!
Het pornokanaal is slecht voor ons de vrouwen toegankelijk.

Zo komen wij ook eens aan ons trekken.'
Verwonderd hoe het herstel in sommige landen toch op gang
kwam, keken allen geboeid naar het scherm.
Lisakki werd uitgenodigd, die zich dagen in de zetel nestelde
om de wonderen van de tv te aanschouwen, tot zijn vrouw
hem met een hakbijl op zijn verplichtingen wees.
Schuw en beschaamd verliet de man het gebouw , waarna zij
zich een borrel inschonk om samen met de vrouwen op het
scherm naar een modeshow te kijken.

Het was een warme dag , toch zaten de vrienden rond de
vuurkuil te genieten van snacks die Frank bereidt had.
Hoe meer verhalen ze te horen kregen van de jonge mensen,
des temeer haat vloeide er naar het nieuw Belgisch regime.
   'Weet je wat oude vrienden ! Soms vervloekte ik de ganse
wereld tijdens onze vlucht naar hier.
Om eerlijk te zijn, kwam spijt dikwijls in me op .
Tot ik hier het eerste voedsel kreeg dat zonder morren uit de
familie hun mond gespaart werd, toen besefte ik dat er toch
ergens een paradijs bestond.'
   ' Dirk vriend, wij allen zullen soms wel zo gedacht hebben.
Wij weten allen dat het zonder je vrouw nooit gelukt zou zijn.'
   ' Dank je Rich, maar zo geweldig was mijn inbreng nu ook
weer niet . De mama's zijn even handig als ik .
Trouwens Bjorn en Babty zijn heel tevreden met die extra
grootmoeders.
Ik denk zelfs dat ze de meest verwende snotneuzen ver ten
Noorden van St -Petersburg zijn .'

'Je naam zal dus voortleven nonkel.'

'Neen Loes. Een Pool heeft hier niets te zoeken.
Onze kinderen behoren tot de familie Borg, omdat zij daar
recht op hebben. Juist zoals jouw broer een andere naam
draagt.'

Betty glimlachte bij de uitleg , ze had daar nochtans heel wat
woorden tegenin gebracht. Maar was nu gelukkig dat haar
naam bleef bestaan.

' Met wat geluk zijn ze weldra thuis van de academie.
Frank zegt altijd dat het tijd wordt dat toch ene mislukte Pool
voor geleerde kinderen zorgt.

Born is bio ingenieur en Babty is geschiedenis docente.'

Na alle verhalen voelden iedereen dat hun verleden toch beter
was dan van de anderen.

' Jacky ! Zo ook is het bij mij geleidelijk rustiger in mijn
simpel hoofd geworden. Eerst had ik angst om alle doden van
mijn hand te verklaren.

Jullie verhalen liet mij beseffen dat waar ook ter wereld
wandaden gebeuren.'

Loes begon onbedaarlijk te huilen: 'Zoveel dwaze mensen die
mij probeerden te verkrachten en dat met de dood bekoopt
hebben.'

' Loes , heeft iemand van ons je ooit verteld wat < voor onze
kinderen betekend ?> Wees niet angstig maar waakzaam.
Miserie ligt juist te wachten tot je niet oplet.'

Verwonderd aanhoorde ze het verhaal van de kinderen ,
waardoor ze plots alle geheimen van haar nieuwe familie
begreep, incluis het zot gedoe van Frank en Dirk.

Louis begon zich ook wat ongemakkelijk te voelen , hij wou een vrolijker verhaal horen , dat van Loes kende hij al .

' In al die jaren dat jullie hier verbleven hebben , zijn de Roesh zoals jullie ze noemen hier dan ooit geweest.'

Richard beet een stukje af van zijn hazen pasteitje alvorens Louis aan te kijken.

'Jonge ! Om je het duidelijk te maken, de Roesh zijn geen Russen. Het is schorremorrie samengesteld uit vele landen . Schooiers zoals wij , die gaan zoeken zijn achter een nieuwe woonwereld. Zij echter deinzen er niet voor terug om zomaar mensen te doden voor voedsel.'

Frank legde nog wat snacks op de kookplaat.

' Laat dat maar zitten jongen. Het belast onze oude hersenen teveel, maar laat me ja zeggen. Amen '

' Tweemaal ' Jacky keek naar de snack in haar handen:' de eerste jaren zijn ze tweemaal hier geweest om rendieren te stelen. De wolven hebben heel wat te eten gekregen , de helikopters liggen in diep water. Amen '

' De laatste snacks , laat het ook onze laatst gezever zijn. Het haalt toch niets uit. We leven nu , laat ons daarvan profiteren . Amen .'

2121

Het watervliegtuig vervolgde zijn vlucht over een bos wat de grote van de provincie Antwerpen had.

'Goede middag , dit is je kapitein. We vliegen nu over één van de laatste oerbossen van het noordelijk halfrond, die na de laatste ijstijd overgebleven zijn door het overmatig kappen om brandhout.

Wij wensen de Belgische winnaars van de wereldquiz een leuk verblijf in het hotel genaamd naar de stichter. Lisakki

Het toestel met 20 inzittende scheerde over het meer om dan met opspattend water er midden in te landen.

' De Hovercraft brengt jullie zodra naar de oever . Tot in een week . Geniet van dit exclusief verblijf.'

Een passagier hield een stewardess tegen.

' Gegroet juffrouw . Heb jij hier ooit verbleven ? Is het echt leven zoals toen ?'

De dame glimlachte haar toe :' Mevrouw, dat is tijdens onze dienst niet toegelaten. Trouwens het is veel te kostelijk voor mij , je mag van geluk spreken met je quiz winst. Geniet ervan.'

De tweeling Ella en Mieke Callebaut stapten over naar de hovercraft die met een rustige snelheid naar het vaste land voer.

Een slanke dame in maatpak stond de reizigers op te wachten.

Ze werden naar een groot gebouw begeleid wat er uit zag als een blokhut.

'Tervutuloa , wees welgekomen in Hotel Lisakki.

Zijn er mensen bij die geen Nederlands spreken ?

Mijn naam is Babty, genoemd naar mijn moeder die hier één van de oprichters was.

Bjorn gaat jullie je blokhut aanwijzen. Wees welkom in de geschiedenis. Het team staat deze week exclusief klaar voor jullie . Geniet van deze vakantie.

Morgenvroeg na het ontbijt vatten we de rondtoer aan, de rest van de dag kan je genieten van alle accommodaties die het hotel bezit.'

De zussen verkende na de installatie in de hut; het gebouw en omgeving met speciale aandacht voor de oude foto's die veelvuldig aanwezig waren.

'Mieke ! Wie van deze zou nu Loes zijn ?'

Een foto waarop tien gedaanten in kleurrijke kledij voor een sneeuwruimer stonden , had haar aandacht getrokken.

' Er staan twee jonge vrouwen op , dus waarschijnlijk één van hen.'

Ze bekeken alle andere prenten waarvan zij vonden dat er heel veel van latere datum waren, de leeftijd van de meesten was bejaard.

Babty kwam van achter de receptie naar hen toe.

'Kan ik je helpen. Ik zag dat jullie extra aandacht hadden voor bijna alle foto's .'

' Ja mevrouw dat is juist . Wij denken dat we familie zijn van minstens één van hen.

Bij de erfenis van onze pa zat een klein boekje van ons oma, vol aantekeningen van tijdens de ijstijd.

Veel verschrikkelijke zaken staan erin, maar de voornaamste is toch de beschrijving van mensen die onze grootouders gered hebben. Ze zouden later naar het buitenland gevlucht zijn met een sneeuwruimer. Meer wist de schrijver ook niet .'

'Maar dat is interessant. Zou ik dat boekje mogen doornemen Misschien staan er dingen in die wij voor het museum kunnen gebruiken.'

Ella ging het halen om het samen met een plastiek folio waar enkele foto's instaken aan Babty te overhandigen, die ze even doorkeek.

' Kom mee naar het museum. Normaal kom je daar morgen.'

Ze wandelden onder een stralende zon naar een omheining, waar binnen een goed onderhouden houten blokhut met nog een groot aantal kleinere hutten stond.

' Mieke! Kijk.'

Een verhoging van witte keien sierde de binnenplaats, waarop de Ice - Queen in zijn volle glorie stond te schitteren.

' Oh de Foto ! Kan het dan toch zijn?'

Babty nam een foto uit het pak om het voor het echt model te houden.

' Dames geen twijfel aan , dit is hetzelfde voertuig. Kom mee.'

Ze gingen de oude blokhut binnen, waarin rode touwen een loopparcours afbakenden.

Ze gingen Babty achterna . Zonder op de touwen te moeten letten zette ze zich bij een schrijftafel waarop een in leder gebonden boek lag.

'Dit boek werd door Dirk geschreven na hun aankomst hier. Het is een gedetailleerd verslag van hun tocht naar hier.

Volledig op perkament geschreven. zodat het de eeuwen kan overleven.

Ik ben een rechtstreekse afstammeling van hem , of zoals hij zichzelf soms noemde < de gekke Pool >.

Alle meubels in en rond het huis zijn van zijn hand. Met hulp van het team hebben ze prachtige zaken gemaakt. Kijk maar naar de gardrobe kast .

Morgen breng ik witte handschoenen mee, terwijl alle anderen de normale excursie doen, kunnen jullie luisteren naar wat ik voorlees. Je zal zien , meer spanning krijg je nooit meer.'

Ze liep naar een vitrine kast om daar een fotoboek uit te halen.

'Ze hebben veel van hun kleur verloren , maar naast die van jullie leggen zal vlug het antwoord op je vraag zijn'

Onder heel wat prenten stonden teksten geschreven, die sommige verduidelijkten.

Mieke begon te wenen bij het aanschouwen van Loes.

'Oh Loes , eindelijk.'

Bij een foto die de ganse pagina besloeg wisten beide zussen dat ze er waren , verder zoeken moest niet meer.

De namen stonden er onder.

De belofte aan hun pa was volbracht.

'Babty ! Dank je wel.'

Die nam de hand van Ella vast om beiden terug naar buiten te leiden tot aan de Ice-Queen.

Tien kleine met witte keien gestapelde torentjes markeerden gitzwarte gepolijste arduinen plaatjes, waarop de namen van de overleden stonden.

Onderaan lag een lange smalle witte arduin met een tekst.

< De laatste doet de deur toe >
< Amen >